Colección Psicoanálisis y Psicoterapias
Editor-Propietario: Ricardo Vergara
Compiladora: Dra. Mónica Cruppi

Dra. Mónica Cruppi, comp.

PSICOANÁLISIS ONLINE
Trabajando por Skype, Messenger y otras aplicaciones

Prólogo por Hilda Catz

Guillermo Bruschtein, Silvia Koval de Eliaschev
Héctor Manzotti, Jorge Schvartzman
Marita Auruccio, Mónica Cruppi
Albert Brok, Julia Levenberg
Roberto M. Goldstein

Ricardo Vergara
Ediciones

Cruppi, Mónica S.
   Psicoanálisis online : trabajando por Skype,
Messenger y otras aplicaciones / Mónica Su-
sana Cruppi. - 1a ed. - Ciudad Autónoma de
Buenos Aires : RV Ediciones, 2020.
   128 p. ; 22 x 15 cm.

   1. Clínica Psicoanalítica. 2. Pandemias. I.
Título.
   CDD 150.195

Coordinación de Producción y Edición: Ricardo Vergara
Te: 011-6-231-2760
email: edicionesvergara@gmail.com
Facebook: Ricardo Vergara
Instagram: @vergara_ric
Colegiales, Ciudad de Buenos Aires

Para comunicarse con la compiladora:
E-mail: dra.monicacruppi@gmail.com

Ilustración de portada: Silvia Berrade
www.berradesilvia.com.ar

Impreso en Argentina - Printed in Argentina
Imprenta Dorrego, Av. Dorrego 1102 (CABA)
Septiembre de 2020

Índice

Introducción

Mónica Cruppi

Este libro contiene la mirada enriquecedora de psicoanalistas argentinos y de otras latitudes, sobre el trabajo online y sus distintas formas de abordajes clínicos.

Surge, en estos tiempos de pandemia, con la necesidad de dejar testimonios escritos en tiempo real, sobre la transformación y revolución o re- evolución del psicoanálisis.

Constituye una bitácora de los acontecimientos que nos sucedieron en nuestro trabajo como analistas durante estos tiempos.

Aporta herramientas y recursos para iniciar o continuar con los procesos terapéuticos de la clínica de adultos, la de niños, la de parejas y la de grupos.

Los psicoanalistas en este momento, estamos haciendo experiencia y explorando las posibilidades que brindan las tecnologías de información y comunicación, con muchos interrogantes acerca de sus alcances

Sin duda, es el camino que nos toca transitar en nuestro quehacer donde, intentamos transformar la dimensión virtual en un campo fértil, que pueda hacer crecer los retoños de la clínica psicoanalítica.

El comienzo de la historia

La historia de este libro comienza algunos años atrás cuando con un grupo de colegas de la Asociación Psicoanalítica Argentina iniciamos un grupo de investigación sobre "los cambios subjetivos a partir de las nuevas tecnologías", poniendo un especial énfasis en los que se producían por el uso de las plataformas digitales para iniciar o continuar los procesos analíticos.

Muchos de nosotros, antes de la pandemia atendíamos pacientes online o por vía telefónica, dentro y fuera del país, debido a las demandas de la globalización.

La vida globalizada, con su dinámica, migraciones, movilidad laboral, la dificultad para transportarse de un sitio a otro y la complejidad cotidiana, en la llamada "moderna tardía", demandaban una cantidad de obligaciones que consumían mucho tiempo.

Como resultado de estas transformaciones sociales, a muchas personas se les complicaba "cumplir" con sus compromisos. Para remediar estas dificultades relacionadas con el "encuentro psicoanalítico" en un mismo espacio y tiempo, se utilizaban las plataformas como Skype o WhatsApp, entre otras, que habilitaban y habilitan los encuentros virtuales.

La web había anclado en los consultorios psicoanalíticos y era usada por muchos de distintas formas durante el proceso analítico. Algunos terapeutas, analizaban a sus pacientes de manera virtual, en los casos en que el paciente residiera en otro país, o por grandes distancias, o enfermedades prolongadas. Otros, por diferentes circunstancias, lo hacían de manera combinada: presencial y virtual como por ejemplo, comenzaban el análisis, con la presencia física de ambos- analista y paciente- para luego continuar virtualmente.

También, se encontraban aquellos terapeutas que realizaban el tratamiento psicoanalítico, completamente de manera virtual.

Otras veces, al no poder llegar al consultorio, por problemas de transporte -situación bastante frecuente en nuestro país- o ante determinadas urgencias, se utilizaban estas plataformas, no sólo en análisis de adultos, sino también en el de niños.

Es así que, por diferentes motivos, siendo el más habitual las grandes distancias, estas herramientas web, se convirtieron en otro recurso utilizado por los analistas para su trabajo terapéutico.

Desde comienzos del 2020, estamos viviendo profundos cambios a raíz de la pandemia. Es un momento incierto en el que todos hemos sido afectados por el Covid 19 y sus consecuencias.

La vida hoy, en parte pausada por un aislamiento que nos resguarda y desafía, nos impone sumergirnos plenamente en la virtualidad. Una dimensión descorpórea, que continuamente exige cambios subjetivos para adaptarnos.

Esta situación ha generado una auténtica revolución, la que en este momento estamos transitando, explorando, investigando y de la cual desconocemos sus alcances.

Si bien, como lo exprese en los párrafos anteriores, desde algunos años atrás, se trabajaba en forma parcial con la modalidad online, lo especial de este momento es que, masivamente el mundo psicológico y psicoanalítico, resignificó su modo de trabajo llevándolo al plano digital.

El psicoanálisis online, nos trae no sólo aires de cambio, sino además grandes desafíos. Implica grandes modificaciones en la teoría de la técnica, en especial en el encuadre y en la transferencia.

Somos observadores y a la vez que estamos viviendo un cambio revolucionario.

Las voces de los autores

A continuación realizare un breve recorrido por "Psicoanálisis online" con algunas de las reflexiones de los autores...

Marita Auruccio se plantea "...con la atención remota me pregunté incansablemente ¿cuál sería el resultado de ésta experiencia sobre todo en aquellos pacientes más graves y de menos recursos yoicos.¿Podría yo con mis ansiedades seguir adelante en aquéllos casos más fragilizados? ¿Dónde estaría el límite de la iatrogenia? ¿Debería cambiar mi actitud y demostrarme más empática frente a la frialdad de los dispositivos? ¿Qué ocurre con la gestualidad escasamente percibida frente a la falta de cuerpos presentes?..."

Albert Brok conceptualiza desde New York: "Una observación que realice es que varios de los participantes se sentían incomodos e inquietos trabajando online. A esta particularidad la llame "el impacto de la mirada velada", pues algunos de los integrantes del grupo asociaron la pantalla por donde nos veíamos, con la sensación que tuvieron en su juventud en donde siempre faltaba entre ellos y sus padres una genuina relación emocional..."

Guillermo Bruschtein "Es, en este contexto que el psicoanálisis y los psicoanalistas a través de los dispositivos online, retomaron sus respectivas tareas con la atención de pacientes y con las actividades de intercambio científico institucional......esta alta capacidad de adaptación a las nuevas demandas y posibilidades nos conduce a preguntarnos:¿qué pasará o que saldos podremos rescatar de estas nuevas y valiosas experiencias?.¿Hacia dónde se conducirá el psicoanálisis en un futuro post pandémico?

Julia Levenberg en sus crónicas desde New York relata: "...Durante la pandemia tuve que realizar una modificación y hacer durante las sesiones online un espacio para discutir las noticias y los datos que cambiaban y cambian constantemente, tratando de buscar la mejor manera de adaptarnos a esta nueva forma de vida. Muchos de los deseos de mis pacientes fueron suspendidos debido a la pandemia. Al mismo tiempo, comenzaron a surgir en algunos, nuevos anhelos como por ejemplo: ¿cómo poder experimentar alegría en la vida en esta nueva manera de vivir? ..."

Mónica Cruppi "...la clínica analítica se ve interpelada por la pandemia y como efecto de la misma, su total pasaje hacia lo digital, haciendo que el mundo conocido, ahora resulte confuso. Tanto el analista como el paciente frente a la disrupción de la cuarentena sufren duelos. Un duelo en común los une: el duelo por la pérdida del encuentro presencial. Duelo, cambio y transformación son las caras de la misma moneda..."

Roberto M. Goldstein: desde Barcelona remarca..."La experiencia con los nativos digitales era interesante: no tenían ningún problema en que yo entre en sus casas e incluso alguno me hizo dar un paseo por la misma. Observe que su postura física, en general no era similar a la que adoptaban cuando el tratamiento era presencial. Me llamó la atención también el descuido personal tanto en hombres como en mujeres...mi impresión era que transferencialmente podían sentirme como alguien de la familia, viviendo en su casa..."

Silvia Koval de Eliaschev nos dice:"...Confieso que muchas veces me he tenido que sobreponer en sesión por haberme sentido muy identificada con los sentimientos de pacientes que me transmiten a través de la pantalla de WhatsApp su angustia, su desesperanza... ¿Y cómo responder ante semejante desafío? Afinando la escucha...".

Héctor Manzotti relata "... Hace más de 30 años que comencé a trabajar a larga distancia sin la presencia física, aunque es necesario aclarar que la ausencia no fue en ningún caso total, pues en relación a la presencia-ausencia, debo manifestar que la voz, como portadora de palabra nunca deja de estar presente, no se trata de una virtualidad,,,"

Prólogo
Los tendederos de la Peste

Hilda Catz

"Cuando la peste se fue de Ceppaloni la gente lavo su ropa, pero el rostro –rastro de la enfermedad había permanecido porque era indeleble"
"Tendederos de la peste"
Clorindo Testa 1979

La peste llevó a Clorindo a hacer una muestra de pintura en 1979, hace más de cuatro décadas, alertando sobre los signos de una vida urbana que ya se revelaba enferma y que se llamó *"Los tendederos de la peste"*. En 2016 con *"La Peste. El humanismo de Testa a través de Camus"* expresaba su preocupación y su interés sostenido en subrayar que el urbanismo debía contemplar siempre las necesidades del hombre[1].

Testa nos dice que cuando la peste pasó la gente lavó su ropa, pero en su rostro permanecieron indelebles las marcas de lo padecido, y así pintó los tendederos de la peste, que de alguna manera fueron disparadores que propulsaron la disposición a en-tender, ex-tender, nuestros propios en-tendederos de Redes. Tramas simbólicamente tendidas y que se extendían para contener las

---

[1] En esa oportunidad Jorge Glusberg escribió: *Las condiciones sociales que vivimos, la modificación arbitraria de la ecología, pueden producir catástrofes peores de las que narran los libros de historia al describir las plagas naturales".*

experiencias de trabajar en cuarentena, y en la post-cuarentena tratando de que los rastros no permanecieran encubiertos por los "barbijos" y las máscaras que cubren los rostros y sus marcas.

La necesidad de la comunicación del dolor pese a los encubrimientos, donde nos aferramos a las palabras como a una balsa en un naufragio, para que no queden petrificadas en el cuerpo y en el lenguaje, como una herida fosilizada.

El interés radicó en poder transmitir esas trazas indelebles desde las diferentes miradas virtuales y el imperativo ético de no desmentir el estado de duelo global y de aflicción que estábamos y continuamos viviendo y que nos enfrenta con lo impredecible de la fragilidad global.

Me recuerda el término *Ubuntu*, que hace referencia a una regla ética sudafricana enfocada en la lealtad de las personas y las relaciones entre éstas; entre sus distintas acepciones es de destacar, a los fines de este trabajo, la siguiente: *"Una persona se hace humana a través de las otras personas"*. Y así surgieron las Redes como tendederos en busca de lo humano, de las marcas del dolor, de los silencios elocuentes y de las soledades confinadas, de lo que he llamado estados de "esperación" entre la desesperación, la espera y la esperanza.

Se fueron creando y recreando espacios terapéuticos caracterizados por la diversidad de enfoques y lo inesperado de los escenarios terapéuticos en los que aparecían, con diversos ropajes, las dificultades para reconocer la vulnerabilidad de lo humano. Poder ayudarnos armando redes para tolerar la exigencia y la urgencia inusitada de plasticidad psíquica ya que no es sencillo dejar de lado todo lo que se hacía de determinadas maneras, incluyendo las creencias individuales y los mitos que tiene cada cultura. Poder superar nostalgias y añoranzas del pasado y del presente que impiden que *lo obvio* de la pandemia *nos implique en una ineludible relación de dolor que nos permita ir modificando la angustia en lugar de evitarla mediante la estupidez y la desmentida.*

Se fueron delimitando límites que demarcaban con mayor evidencia algo que todos sabemos: la existencia del psicoanálisis dependerá de su capacidad de transformación en un mundo que cambia, de creación de teorizaciones y prácticas ligadas a lo que la subjetividad y la sociedad presenten, como la Pandemia que estamos atravesando en este momento. De proponer, delinear modelos conjeturales y descartables para teorizar y transformar estas nuevas formas de vincularse, redes como necesidad y soporte que generen la palabra, que creen presencia psíquica frente a la ausencia física.

Por lo tanto también debemos estar alertas a las resistencias al interior mismo del psicoanálisis, que impiden el surgimiento de lo nuevo, aislándolo de otras disciplinas o de la sociedad, a través de la práctica clínica, nos encontramos con una crisis en los modos de ser de los psicoanalistas, pero no con el psicoanálisis en sí mismo. La propuesta sería la necesidad de sostener vínculos que prevengan la pérdida de la capacidad de experimentar y transmitir experiencias cuando nos hallamos ante una crisis civilizatoria del siglo XXI que arrasa con todo lo conocido y hace presente la muerte cada día, aplanando la curva, pero la de la subjetividad donde todos pasamos de ser "sujetos de objeción" a ser "sujetos de sujeción" a un número, como huéspedes de un virus incontrolable.

A modo de conclusión y apertura para entrar a navegar por estas páginas

Por todo lo expuesto, se hace necesario encarar la Pandemia desde múltiples y complejos vértices, sin dejar de tener en cuenta que se trata de una crisis que podría generar un empobrecimiento del mundo simbólico y de su soporte en afectos y representaciones colocando en el grupo de riesgo a la subjetividad sostenedora de lo que consideramos humanidad.

De esa manera acentúo la tarea de que puedan transmitirse las complejas experiencias vividas, que no permanezcan mudas e indelebles las pérdidas, las ansiedades, y los duelos que por sus características podrían tener desenlaces imprevisibles para la salud física y mental actual y futura tanto de los pacientes como de los analistas.

No hay que olvidar que estamos ante un horizonte de extrañeza tratando de comunicar lo incomunicable, sin brújulas que guíen a pesar de las tormentas emocionales que emergen de manera inesperada, donde intentamos ir tendiendo y extendiendo Redes parafraseando a los tendederos de la peste; des-enredando nudos, creando lazos para navegar en un mar de incertidumbres.

…"sobre la base del conocimiento del pasado dirigir el pensamiento hacia el futuro".
…"¿Futuro? Terminar con una pregunta"
Peter Handke (2017)

Bibliografía:

(2020) Catz, H y colaboradores *"Las redes de los humano, lo humano de las redes" Trabajando en cuarentena y en la Post-Cuarentena"* Ricardo Vergara editorial, Bs.Aires

(2020) Catz, H y colaboradores, *"Trabajando en cuarentena y en la post-cuarentena en épocas de la Pandemia. Transformaciones e invariancias"*. Ricardo Vergara editorial, Bs.Aires

(2020) Catz, H y colaboradores, *"Psicoanálisis de Niños y Adolescentes, trabajando en cuarentena en tiempos de la Pandemia"* , Ricardo Vergara editorial, Bs. Aires

Catz, H.(2019) *"Tatuajes como marcas simbolizantes,la relevancia clínica de los tatuaje para el procesos Psicoanalitico"*, Ricardo Vergara Editorial, Buenos Aires

Handke, Peter (2017) *Una vez más para Tucidides*, Editorial Tres000 Molins

Hilda Catz

Doctora en Psicología Ph.D, Usal-APA, Lic. Psicología de la Universidad de Buenos Aires.

Miembro titular en función didáctica de la Asociación Psicoanalítica Argentina, de la Federación Psicoanalítica de América Latina (Fepal) y de la Asociación Psicoanalítica Internacional (I.P.A.).

Coordinadora del Departamento de Niños y Adolescentes de la Asociación Psicoanalítica Argentina "Arminda Aberastury, "Guionista y Co- Directora del cortometraje premiado: Mi película "Candela" mutismo selectivo en una niña de 4 años

Coordinadora de Espacios de investigación, Profesora titular invitada de varias Universidades y de Seminarios de la Asociación psicoanalítica Argentina.

Autora del libro *Tatuajes como marcas simbolizantes. La relevancia clínica de los tatuajes para el proceso psicoanalítico*, Ricardo Vergara Ediciones, 2019, *Psicoanálisis de niños y adolescentes. Trabajando en cuarentena en tiempos de la Pandemia 2020, Trabajando en Cuarentena en épocas de PANDEMIA y de Post-PANDEMIA. Transformaciones e invariancias, 2020.*,

 Fear of "Lockdown, Phychoanalysis, Pandemic Descontens,and Climate Change". Amazon Edit.Catz, Leo, Ferruta, Francesconi, Goisis y otros, (2020).

E-mail: arte@hildacatz.com

Psicoanálisis on-line.
Un suceso extraordinario

Mónica Cruppi

A partir de los inicios del año 2020 se produjo un suceso extraordinario a nivel global en el psicoanálisis y en las psicoterapias en general.

Como consecuencia de la pandemia y por el aislamiento social obligatorio, los psicoanalistas comenzamos la atención de pacientes totalmente online.

Si bien desde algunos años atrás, se trabajaba en forma parcial con la modalidad online, lo especial de este momento es que masivamente, el mundo psicológico y psicoanalítico resignificó su modo de trabajo llevándolo al plano digital.

Ocurrió un desplazamiento del modo presencial al modo virtual, forzado por las circunstancias. Esto produjo una auténtica revolución, la que estamos transitando, explorando, y de la cual desconocemos sus alcances.

Tal vez nos hallemos frente a una re-evolución, a una reinvención del método psicoanalítico. Estos son tiempos de cambios y el psicoanálisis no se encuentra exento de esta transformación hacia lo digital. Una transformación que conlleva duelos, un cambio de mentalidad, requiere mucha flexibilidad psíquica y un esfuerzo de adaptación por parte de los analistas y de los pacientes.

A raíz de "la pandemia" el psicoanálisis presencial se convirtió en psicoanálisis online, beneficiando a las personas a sobrellevar los efectos psíquicos y emocionales del aislamiento y del Covid-19.

Hay que señalar que este cambio fue: masivo, precipitado y ocurrió literalmente de un día para otro, como consecuencia de la normativa social. En líneas generales este tipo de transformaciones en cualquier disciplina puede llevar años o décadas.

Los pacientes en su mayoría, comenzaron su atención mediante vídeo llamadas a través de WhatsApp, Skype, Messenger, entre otras plataformas. Otros se decidieron solamente por las llamadas sin video y los menos decidieron esperar a que pasara el confinamiento para retomar las sesiones presenciales.

Dichas preferencias por parte de los pacientes no son casuales, sino que tienen un sustrato inconsciente muchas veces relacionados con cuestiones transferenciales.

Este desplazamiento de lo presencial a lo virtual "en su totalidad", trae grandes desafíos por las modificaciones en la teoría de la técnica y en especial en el encuadre y en la transferencia.

El análisis por medios digitales recibe distintos nombres, como: análisis online, análisis a distancia y análisis remoto. En realidad, todos se refieren a lo mismo: la ausencia del cuerpo y la presencia de la imagen del cuerpo. El análisis online es un espacio donde se altera la relación con el otro, al sustituir los cuerpos, por el sonido, la imagen y el texto.

Los cuerpos lugar íntimo en donde se inscriben marcas y signos que aluden a la identidad personal quedan reducidos a su imagen. El cuerpo del otro, como el propio, con la impronta de lo sensorial y sobre todo de la "mirada" queda soslayado. En su lugar aparece su imagen, su representación, que algunas veces se encuentra intervenida por los medios digitales por filtros y Photoshop.

El análisis online es un camino a explorar con muchos interrogantes como por ejemplo el de la transferencia, su dinámica y su vivencia. En tanto los cuerpos qué albergan lo pulsional sensorial y energía de los afectos no se presentan directamente. Pensamos que el campo analítico se constituye de otra manera, pues se encuentra mediado por la tecnología.

Nuestro trabajo como analistas se complejiza a partir del análisis a distancia. Se requirieren algunas modificaciones y también flexibilización en la técnica analítica, no solo en el encuadre sino también en sus distintas formas de abordaje.

El encuadre tradicional se ha transformado en su pasaje a lo digital.

Estas modificaciones fueron necesarias para poder albergar los tratamientos de: niños y adolescentes, de familias, de tratamientos de pareja y de tratamientos grupales.

La clínica analítica se ve interpelada por la pandemia y como efecto de la misma, su total pasaje hacia lo digital, haciendo que el mundo conocido, ahora resulte confuso. Tanto el analista como el paciente frente a la disrupción de la cuarentena sufren duelos. Un duelo en común los une: el duelo por la pérdida del encuentro presencial. Duelo, cambio y transformación son las caras de la misma moneda.

El encuadre ahora digital garantiza el proceso psicoanalítico. La presencia del analista, su escucha, junto con sus palabras, forman una red de contención que alivia este pasaje hacia lo digital.

Tal vez lo más importante del mismo sea el encuentro, "la presencia" ahora virtual, entre el analista y su paciente, la disposición y la escucha del analista. El analista sostiene con sus palabras el desamparo actual de sus pacientes, además del propio, en estos tiempos de pandemia en el que ambos están inmersos.

En relación a la presencia de la imagen del cuerpo, en los encuentros virtuales entre analista y analizado, esta remite a una ausencia: la del cuerpo biológico. Esta ausencia marca "una no representación" relacionada con elementos que no pueden tener su registro sin la presencia del cuerpo biológico. Son elementos para verbales que quedan sesgados.

En la pantalla podemos ver los fragmentos del cuerpo a través de un plano del mismo. No podemos dimensionar al cuerpo en su totalidad, con sus marcas y sus signos identitarios, como: altura, peso, olores, vestimenta, cicatrices, tatuajes, la energía de los afectos, entre otras cualidades. Además, hay que tener en cuenta que en muchas ocasiones la imagen se encuentra intervenida por filtros y photoshops, por lo que la invisibilidad del cuerpo es mayor.

Esta situación del Covid-19, es una circunstancia que no nos permite apoyarnos en ninguna experiencia anterior. Plantea nuevos escenarios y como efecto de los mismos nos obliga a realizar cambios subjetivos para adaptarnos a esta nueva dimensión de la realidad. En la clínica analítica estos escenarios nos llevan a sumergirnos en la dimensión virtual y demandan una profunda exploración para desarrollar los recursos teóricos-técnicos necesarios para enfrentar esta realidad.

El consultorio online y su encuadre constituyen una frontera a investigar. Desconocemos sus alcances y también desconocemos si a través del modo online podemos atender pacientes con patologías graves.

En este momento nos encontramos con mucha polémica referida a, si es posible garantizar un proceso psicoanalítico a través de estas tecnologías. Lo cierto es que, como consecuencia mundial del Coronavirus, se aceleraron los tiempos y trabajamos de manera virtual, iniciando o continuando con los análisis de adultos, niños, adolescentes, parejas, familias y grupos. La técnica y su teoría con esta modalidad se nos imponen como un nuevo campo de estudio.

A continuación, voy a describir y desarrollar algunos puntos referentes a esta transformación de lo presencial hacia lo digital en la clínica psicoanalítica.

La metamorfosis del diván

El mundo exterior nos trae una situación de desamparo, vulnerabilidad, incertidumbre y caos. La muerte tiene representación y nombre en el mundo exterior "Covid-19" y nos obliga a mantenernos vivos y vitales. Es por este motivo que en los tiempos de crisis como el que estamos viviendo nos ponemos creativos para compensar sus embates y en el caso del análisis y su continuidad esta creatividad, la volcamos en el pasaje del psicoanálisis presencial al psicoanálisis online, poniendo el foco en el encuadre digital, que es el que garantiza el proceso.

El proceso psicoanalítico y su encuadre como parte del mismo, constituyen una isla de tranquilidad dentro de este mar de incertidumbres que nos trae el mundo exterior.

A continuación, me referiré a estos cambios de encuadre, al pasaje del psicoanálisis presencial al psicoanálisis online. Los mismos se relacionan con los encuentros a través de la dimensión virtual y con la flexibilización de la técnica psicoanalítica.

Es sabido que la dimensión virtual transforma las disciplinas que toca siendo el psicoanálisis una de ellas. El análisis online, nos trae modificaciones y además grandes retos, ya que subvierte la relación del analista con su paciente. Un ejemplo de ello, es que el analista va hacia el lugar de sus pacientes, como su casa o su trabajo entre otros espacios. Se encuentra con su entorno, del mismo modo, si el analista no se encuentra en su consultorio, recibe al paciente en su casa u otros espacios que en la actividad presencial se encontraban vedados.

Otro elemento para considerar sobre el psicoanálisis en línea, es que la transferencia prescinde de los cuerpos, por lo que la riqueza del lenguaje del cuerpo, queda sesgada.

Según, J. A. Miller, el cuerpo del analista es necesario para representar la parte no simbolizable del goce. Los cuerpos, lugar privado donde se inscriben marcas y signos que aluden a lo singular y subjetivo, como así también su imagen- la marca personal- se encuentran en este pasaje mediados por la tecnología.

En su lugar aparece la riqueza de la imagen con otras significaciones. No se trata de un reemplazo sino de la aparición de otros elementos que también tienen un sustrato inconsciente. Por ejemplo, durante un psicodiagnostico que realicé en la cuarentena a un niño de 8 años, el trabajo online me trajo repetidamente "una imagen". Observe, como el pequeño ponía en primer plano la figura de sus padres, mientras él se ubicaba por detrás con sus juegos. Esta imagen, constituye un relato inconsciente pues sitúa a sus padres como parte importante de su conflictiva.

En el trabajo online la huella de lo sensorial: el tacto, los olores y sobre todo de la "mirada" quedan soslayadas. La relación digital impide mirarse a los ojos y plantea una especie de panóptico donde todo se ve.

Un tema para considerar durante las sesiones online es el del "silencio". Este posee una cualidad distinta al que acontece de manera presencial, pues se puede confundir con una interferencia tecnológica. Durante el proceso analítico presencial, nos encontramos con diferentes tipos de silencios: el silencio de la escucha, el silencio del insight, el silencio de elaboración, el silencio como resistencia, entre otros.

El silencio en el análisis presencial, se sostiene con la presencia física del analista. En cambio observamos en el análisis online que hay menos silencios y que al terapeuta le cuesta más descifrarlos. Con esta modalidad digital, al paciente le cuesta sostener el vacío que la ausencia –de la voz- del analista produce.

En una sesión on-line frente al silencio de la escucha

un paciente se angustio y me pregunto varias veces "…
Ud. me escucha, está ahí…".

Otro ejemplo sobre el silencio en la modalidad online,
me lo relato una colega, cuando en una sesión por video-
llamada, cara a cara, su paciente frente a su quietud. Pensó que la imagen estaba "congelada "y se angustio. Esta
situación dio lugar a trabajar aspectos transferenciales
relacionados con la muerte de su madre.

Cabe señalar que también, a algunos terapeutas les
cuesta sostener el silencio.

Habitar la dimensión virtual, invita a sumergirse en
la web en soledad en un espacio donde se subvierte la
relación con el otro, al sustituir el cuerpo a cuerpo por el
sonido, la imagen y el texto.

Tal vez resulte útil para compensar este déficit de la
ausencia del cuerpo con su calidez, dotar de hospitalidad
el encuentro. Hospitalidad en el sentido de albergar alo-
jar al otro con su alteridad en una situación empática en
donde pueda desarrollarse un proceso que requiere intimidad. La situación virtual interpela y pone en cuestión al
sujeto en relación a su intimidad, su cuerpo, su identidad
y sus relaciones.

Como efecto del desanclaje del espacio y el tiempo, el
consultorio online constituye un "no sitio" -prescinde del
lugar físico- de encuentro entre paciente y terapeuta. Este
encuentro se hace posible a través de los medios tecnológicos y de las coordenadas temporales.

En relación al dispositivo, encuadre o setting analítico,
desarrollaré algunas sugerencias que me han servido en
mi trabajo por medios digitales en la clínica psicoanalítica. Me referiré al encuadre externo y al encuadre interno
del analista apoyándome en los lineamientos ya aceptados
y vigentes desde hace años para el análisis convencional.

Por encuadre entendemos un conjunto de condiciones
para garantizar el proceso o el ejercicio del psicoanálisis
que regulan las relaciones entre analista y paciente.

El encuadre es un dispositivo que sostiene la cura analítica, se compone de una serie de elementos que forman y enmarcan un campo dinámico, en donde se desarrolla la situación analítica.

Freud en 1912, se opuso a la mecanización de la técnica por la diversidad que poseen las constelaciones psíquicas, por eso el encuadre técnico lo presentó como "consejos" no como una normativa.

Desde el punto de vista de la constitución del encuadre externo en el caso de los análisis online, es necesario tener en cuenta varios aspectos. En principio contar con una buena infraestructura. Me refiero a un buen funcionamiento de la banda ancha: velocidad y calidad en el servicio. Es de gran ayuda contar con buenos dispositivos: un celular de última generación, tablet o notebook, entre otros. De acuerdo al dispositivo que usemos la perspectiva visual se amplía o se estrecha y de su posición depende el plano en que vemos a la persona: primer plano, medio cuerpo o cuerpo entero. En el caso de usar el celular observamos que, no es lo mismo la posición horizontal que la vertical, pues la posición horizontal permite una visión panorámica del entorno. También es necesario contar con un soporte para el mismo, que nos permita tener "manos libres". Actualmente, la primera consulta nos suele llegar por la plataforma de WhatsApp.

En las primeras entrevistas comenzamos informando a nuestros pacientes la plataforma principal que vamos a usar y la alternativa en el caso que la principal no funcione, me refiero a: Skype, Messenger, WhatsApp, Facebook, encontrándose estas entre las más usadas.

En todos los casos tenemos que considerar, el rol de "el tercero" presente en la sesión a través de la tecnología utilizada, la que modifica la relación de intimidad entre el terapeuta y el paciente y que tiene valor simbólico. Este tercero presente "el ordenador y lo virtual", como dice Nicholas Negroponte -1998, MIT- establece una relación de intimidad con el sujeto, un elemento presente y en juego en el campo dinámico de la sesión.

Un ejemplo de ello son las interferencias, los aparatos usados, el manejo de las plataformas, otras aplicaciones abiertas durante la sesión, los sonidos que hacen los mensajes que llegan, entre otras interrupciones. Un tercero que media en el encuentro y que produce fantasías.

Tal es la situación de algunos pacientes que son precavidos con la plataforma a usar en las sesiones, por temor a que su privacidad sea vulnerada.

Los horarios constituyen otro tema, en el caso de que nuestro paciente resida en otro país. Hay que tener en cuenta y precisar la banda horaria del terapeuta y del paciente como la duración de la sesión.

Los encuadres tienen características especiales de acuerdo a la clínica que abordemos

En el análisis con niños la intimidad se ve transformada. Esta intimidad dependiendo de la edad del niño muchas veces incluye a los padres, hermanos, otros familiares, y al servicio doméstico. Ellos, a veces están en "la escena" auxiliando a los pequeños, o sosteniendo el juego, o por pedido del niño, o por el uso que hace el niño del espacio al mostrarnos su casa, en los las idas y vueltas del campo de juego. Se construye un escenario de juego diferente al presencial.

En los análisis online los terapeutas tenemos acceso a la vivienda de nuestros pacientes y en estas épocas de cuarentena ellos a las nuestras.

La elección del lugar nos aporta elementos inconscientes para considerar.

Al respecto, una paciente de 50 años que pasó de su análisis presencial al virtual durante la cuarentena, relataba que sus sesiones las tenía en la cama porque para ella era como estar recostada en el diván de mi consultorio.

En el caso de los niños -dependiendo de la edad- en la elección suelen intervenir sus padres.

Con respecto al cuidado de la intimidad del espacio físico del analista, este cuenta con aplicaciones en las plataformas que permiten personalizar el fondo para las video llamadas, a través de un fondo virtual.

También, hay que precisar el modo de trabajo, número y recuperación de sesiones, tiempo vacaciones honorarios; aclarando las formas de pago digital, y la duración del tratamiento.

El encuadre externo se articula con el encuadre interno del analista. El encuadre interno es el instrumento principal para garantizar un buen proceso.

En *"Los consejos al médico sobre el tratamiento psicoanalítico"* (1912) Freud señala que el analista debe estar en condiciones de servirse de su propio inconsciente como instrumento del análisis, es decir que la experiencia con su inconsciente es un instrumento privilegiado para el proceso de análisis.

El encuadre interno está constituido por un conjunto de propiedades psíquicas que interactúan como radares invisibles. Dichas propiedades psíquicas, están relacionadas con la organización mental del analista de acuerdo a: su propio análisis, su autoanálisis, las experiencias de vida, las condiciones personales, el talento clínico, su salud mental, vocación analítica, y su formación profesional. (Alizade, 2002).

El cambio de escenario de los tratamientos psicoanalíticos, desde lo presencial hacia lo virtual, se sostiene con el uso de sus herramientas como, los conceptos de inconsciente, transferencia, contratransferencia interpretación, la utilización de la regla fundamental, la atención flotante, entre otras.

Habitamos un mundo cada vez más digitalizado cuyas variaciones han anclado en la "cultura psicoanalítica", inaugurando un nuevo espacio: "el psicoanálisis online".

Sin dudas, somos observadores, a la vez que estamos viviendo un cambio revolucionario, porque la realidad virtual modifica nuestra práctica tal cual la conocemos.

También observamos con el cambio de encuadre de lo presencial a lo virtual, en pacientes que ya estaban en análisis, que en la mayoría de los casos este cambio dio lugar a la aparición de nuevos contenidos inconscientes. Estos contenidos inconscientes resultaron ser elementos muy valiosos para sus procesos.

La situación de aislamiento trajo aparejada en la mayoría de los pacientes en análisis regresiones psíquicas, junto con un incremento de material onírico en las sesiones.

Este aspecto fue trabajado por Freud -1905- en la *Interpretación de los sueños*" cuando señala que estos fenómenos obedecen a la percepción de un mundo exterior intolerable y sumamente angustiante por lo que el aparato psíquico se defiende con estos mecanismos de defensa. Cuando una realidad se vuelve persecutoria y ominosa se incrementa la percepción del mundo interno.

En relación al uso del diván tal vez, estemos presenciando su metamorfosis con el paso hacia lo virtual. En general, hay un acuerdo entre analista y paciente en donde luego del saludo se apagan las cámaras remedando al diván.

También, algunos pacientes buscan recrear en su espacio la situación analítica presencial, mediante la utilización de la cama, sillón u otro diván.

Tal es el caso de un paciente adulto que cuando le pregunte: -*¿qué lugar de su casa eligió para sus sesiones?* me contesto que él se recostaba en el sillón de 2 cuerpos de su living porque de esa manera sentía que estaba en mi consultorio.

Pienso, que la presencia virtual del analista va más allá de su corporeidad, implica estar con otro ser humano, escucharlo y aliviar al otro en su padecimiento.

Crónicas de la clínica online

Hernán

Hernán de 60 años llega al análisis en plena cuarentena con su padecimiento, relacionado con la perdida que siente por la suspensión de su trabajo, producto de la cuarentena. Relata que se encuentra muy deprimido por esta perdida. Hernán, trabaja en una Pyme que se dedica a la organización de eventos y también a la publicidad gráfica para empresas. En este momento, no puede ir a trabajar, su rubro es uno de los más afectados por la pandemia y él está viviendo de sus ahorros. Se cuestiona permanentemente todo lo que no hizo en su juventud, lo que no pudo estudiar y los caminos que no siguió. Me dice que, raíz del aislamiento por la pandemia, le surgieron recuerdos de la época de la guerra de Malvinas, y todo lo que sufrió en ese momento por la incertidumbre de no saber si lo mandaban al frente.

Me dice -"*...tengo regresiones me acuerdo todo el tiempo de cuando estábamos encuartelados y no sabíamos si íbamos a ir al frente, estábamos muertos de miedo, yo pensé que había superado esa época...*"

El primer contacto que tuve con Hernán fue través del Messenger, medio por el cual acordamos las primeras entrevistas, que dieron lugar al comienzo del proceso. Conocí a Hernán a través de las video llamadas. Su análisis comenzó de esta manera.

Rápidamente se instaló la transferencia y comenzó a desplegarse su sintomatología: el duelo por el trabajo, la situación traumática disruptiva actual de la pandemia, los duelos y cambios que el confinamiento y el Covid-19 traen; resignificaron la situación, que el paciente vivió durante la guerra de Malvinas, sumiéndolo en un estado depresivo bastante profundo que no le permitían levantarse de la cama.

El dispositivo analítico online, con la metamorfosis del diván -al apagar la cámara luego del saludo inicial y luego prenderla en el saludo- final, opero como sostén, alojo a Hernán, pudiendo de este modo, iniciar y sostener el proceso analítico; aliviando su padecimiento en estos tiempos de pandemia.

En este momento, nos encontramos trabajando la resignificación de los duelos y de lo traumático.

Marcos

Al comienzo del mes de mayo en plena cuarentena me llama la madre de Marcos un niño de 7 años. Realizamos varias entrevistas por video llamada con ella y su marido. Ellos consultan porque observan que desde hace un tiempo, Marcos tiene dificultades para integrarse con su grupo de pares en la escuela y para hacer amigos, situación que se agudizó en la cuarentena. En este momento de pandemia, el niño no quiere conectarse para jugar con Tomas- su único amigo- y compañero de la escuela y también tiene problemas para ir a las clases a través de la aplicación de zoom.

Me comentan que el niño está molesto e irritado y los fastidia. No quiere hacer la tarea, no quiere hablar de lo que le pasa con sus compañeritos ni conectarse con ellos para jugar.

Marcos concurre a su primera entrevista por video llamada con su madre. Lo observo muy dinámico y vivaz. La madre llama puntualmente y aparece en escena con el pequeño, ambos sentados en un sillón del living de la casa. Utilizan un celular lo que me brinda una visión acotada de la escena.

Ella me saluda se va y me quedo con el niño. Mientras conversa conmigo, Marcos, continuamente apaga y prende la cámara, da vueltas la cámara, hace ruidos y dice

-"hay problemas de conexión", "ahora no te veo", ahora sí, no te escucho…".

El pequeño, a partir de su comportamiento "molesto", despliega en esta primera entrevista las dificultades que tiene para relacionarse con sus padres y sus pares.

Tal vez, si estuviéramos en el modo presencial esta dificultad del niño no hubiera aparecido tan claramente.

En lo que se refiere al análisis de niños y su encuadre online; el campo de juegos online y su dinámica constituyen otro espacio de juegos. El juego tiene lugar en un espacio virtual en la interacción con el analista.

El niño usa sus propios elementos, materiales, propone juegos y sus propios juguetes, mientras que el terapeuta lo acompaña y utiliza los suyos; como en el ejemplo clínico que presente.

Como nativos digitales, los niños, se encuentran muy a gusto navegando en los mares tecnológicos y nos enseñan nuevos juegos que comparten con nosotros, a través de las aplicaciones que conocen.

El consultorio online de niños constituye también una frontera a investigar, un camino a andar, nos desafía a adaptar la técnica del juego a la dimensión bidimensional de las pantallas.

Bibliografía:

Alizade, M *"El encuadre interno"* 2002 Fepal - XXIV Congreso Latino-americano de Psicoanálisis - Montevideo, Uruguay "Permanencias y cambios en la experiencia psicoanalítica" –2002

Cruppi, M *"Vivir en la Posmodernidad"- Desplazamiento de las significaciones en el siglo XXI.* 2017 Letra viva. Buenos Aires.

Cruppi, M *"Habitando la dimensión virtual / Desafíos en la clínica con niños"* en Niños en cuarentena. 2020 Buenos Aires Letra Viva

Cruppi, M *"Escenarios e la subjetividad infantil en tiempos de pandemia* en: Catz, H y colaboradores, "Psicoanálisis de Niños y Adolescentes, trabajando en cuarentena en tiempos de la Pandemia" 2020 R. Vergara editorial, Bs. Aires

Freud, S 1912 *"Consejos al médico sobre el tratamiento psicoanalítico"*1912.Amorrortu Editores.1988.

Grupo de investigación Tecnología y subjetividad- *Psicoanálisis en la sociedad 5.0* - Asociación Psicoanalítica Argentina. Coordinado por M. Cruppi y J. Schvartzman

¿Qué hay de nuevo en este mundo en cambio? IPA webinar 21/7/2020

El análisis en tiempos de cuarentena en :https://www.pagina12.com.ar/255398-el-analisis-en-tiempos-de-cuarentena

Miller, J.-A., *Los usos del lapso*, Buenos Aires, Paidós, 2004

Negroponte,N,en:https://www.elmundo.es/suordenador/SORnumeros/98/SOR112/SOR112negroponte.html

Dra. Monica Cruppi

Psicoanalista, Doctora en Psicología Social, Autora. Miembro titular en función didáctica de la Asociación Psicoanalítica Argentina. Full member de la International Psychoanalytical Association. Miembro de la American Psychologica Association sección 1 Psichoanalysis Se ha especializado en Psicoanálisis de niños y adolescentes, en Educación y Tecnología y en Ciencias sociales y Educación. Es Investigadora en temas de pareja y familia y en la influencia de la cultura digital en la subjetividad. Desde 1998 colabora con sus artículos y notas de divulgación psicoanalítica en diferentes medios de comunicación nacionales y de países latinoamericanos. Es columnista de la Revista especializada en Psicoanálisis Imago-Agenda. Ha escrito varios libros como autora y en coautoría, entre los que se encuentra el *"Diccionario Argentino de Psicoanálisis"* y *"Vivir en la Posmodernidad- Sobre el desplazamiento de las significaciones en el Siglo XXI"* y también de numerosos artículos de la especialidad. Ha trabajado como docente de grado y posgrado en el ámbito universitario y trabaja como docente en la Asociación Psicoanalítica Argentina. Coordinadora de espacios de investigación. Dictante de cursos y Presentadora de trabajos en jornadas, symposiums y congresos nacionales e internacionales. Autora de artículos científicos publicados en revistas de la especialidad, en el ámbito nacional e internacional.

Email: dra.monicacruppi @gmail.com

Tecnología: herramienta como lazo posible

Marita Auruccio

"Esa capacidad poco común...de transformar en terreno de juego el peor de los desiertos.[1]"
Michel Leiris

..."en general, los seres humanos vivencian su presente como una ingenuidad, sin poder apreciar sus contenidos; primero deberían tomar distancia respecto de él...el presente tiene que devenir pasado si es que se han de obtener de él uno puntos de apoyo para formular juicios sobre las cosas venideras[2]".
Sigmund Freud

Inmersos en un tiempo nuevo a causa de la pandemia por Covid-19 y por el consiguiente distanciamiento social, los nuevos cambios en nuestras rutinas comienzan a dejar huella en el yo. Nos hemos visto obligados a modificar al menos temporariamente las formas del encuadre físico en nuestro trabajo como analistas. La obligatoriedad del distanciamiento social hizo que las actividades comunita-

---

[1] Winnicott, D.W. *"Realidad y juego"* pág 9 Gedisa Editorial
[2] Freud, S. *"El porvenir de una ilusión"*(1927) OC Tomo XI AE 2007 pág 5

rias como las escolares, laborales, sociales y clínicas se suspendan.

Se puso de manifiesto un paréntesis entre el yo y el mundo exterior y la suspensión del tiempo pareció instalarse en modo pausa, y con ello las diferentes maneras de procesamiento psíquico de acuerdo a cada caso singular. El ruido del afuera se transformó en silencio. En ocasiones ese silencio es acompañante, en otros no lo es.

¿Puede considerarse esta interrupción abrupta algo traumático en la interrelación social?

En virtud de dicho distanciamiento, el encuentro presencial con los pacientes ha sufrido ciertos cambios. Ahora nuestras sesiones son a través de llamados telefónicos o encuentros a distancia por videollamadas mediante diferentes plataformas on line.

En lo que a mí respecta pienso que el tiempo en el que vivimos nos ha demandado a los psicoanalistas una reinvención con mayor plasticidad. Una nueva apertura para el sostén, continuidad y escucha de nuestros pacientes. La vida no es sin dificultades. Nos encontramos en un acontecer inédito de la historia global actual que nos invita a nuevos cambios para seguir estando allí, en ese entre una y otra vez, por medio de la palabra y la escucha.

Y como *"No hay esperanza sin miedo, ni miedo sin esperanza"* (Barusch Espinoza) estoy en el medio de la edición, entendiendo con mi trabajo, el acompañamiento a mis pacientes en el pensar analítico.

Me estimuló la idea de escribir sobre mis experiencias como otra manera de intercambiar con colegas y ampliar nuestros pensamientos, otra posibilidad mas de elaborar nuestros obstáculos en la implicancia como psicoanalistas en la espera y el encuentro que con cada paciente es necesario.

Marco teórico

Con la atención remota me pregunté incansablemente ¿cuál sería el resultado de ésta experiencia sobre todo en aquellos pacientes mas graves y de menos recursos yoicos. ¿Podría yo con mis ansiedades seguir adelante en aquéllos casos mas fragilizados? ¿Dónde estaría el límite de la iatrogenia? ¿Debería cambiar mi actitud y demostrarme mas empática frente a la frialdad de los dispositivos? ¿Qué ocurre con la gestualidad escasamente percibida frente a la falta de cuerpos presentes?

Lo íntimo abierto a lo público. Entrar a sus hogares, habitaciones, salas privadas desde nuestro lugar de analistas, con nuestra mirada ahora a través de las pantallas. Ellos buscando acomodarse en un espacio privado con el fin de llevar a cabo su sesión, un baño, un auto, una terraza, un estacionamiento. Nuevas maneras de llegar son posibles frente a la obligatoriedad del encuentro no presencial. Situaciones éstas, que en algunos casos, permitieron verdaderas epifanías en pequeños momentos del análisis.

Establecí el espacio analítico implicándome como sujeto deseante en mi trabajo y de la comprensión de las ausencias de quien las requiera, para dar posibilidad a una nueva construcción en cada singularidad. ¿Son éstas, nuevas posibilidades de subjetivación? Nuestro trabajo psicoterapéutico favorece en ocasiones la permanente transformación de lo árido e inexistente en algo mas vital y posible.

Ya que para Freud las experiencias de construcción del aparato psíquico pre-edípicas y edípicas de un ser humano nos abre un camino hacia el desarrollo posterior, vínculos e identificaciones que serán improntas que se resignificarán en la pubertad, es importante historizar el desarrollo e intensidad de los conflictos emocionales para poder pensar cual será su comportamiento posterior. No dejar de lado la angustia que el niño tiene gracias a unas modificaciones en sus deseos y temores respecto al intercambio con sus padres o quienes se encuentren desempeñando dicha función. Camino y desarrollo de la pulsión y su domeñamiento.

Para Winnicott, el ambiente en el que nace el infante humano deberá ser continente, cuidador y previsor de sus necesidades, entendiendo al lactante humano dependiente y en total desvalimiento. La madre o quien este en su lugar, deberá decodificar lo que el bebé necesite, entendiendo y observando todo gesto espontáneo del recién nacido en crecimiento. El fallo en este tránsito que no es lo esperable, ocasionará serias y graves dificultades en su desarrollo emocional.

Si el medio que lo rodea no es favorable en el acompañamiento de la primer infancia, la angustia podrá coexistir en la vida del niño predisponiendo a cualquier enfermedad biológica como a la inversa, una enfermedad física ocasionar un estado de angustia prolongada.

En ambos casos, la angustia sostenida generada de una debilidad física o provocando un estado de sensibilidad, llevará al niño a una baja en sus defensas físicas. Así mismo si atraviesa situaciones difíciles tanto internas como externas, intentará superarlas organizando así nuevas defensas. Por lo tanto, es esperable un entorno ambiental sin fallas para la constitución del aparato psíquico y para el desarrollo emocional del niño.

A continuación presentaré en éste capítulo fragmentos de la historia de una paciente con múltiples obstáculos en su desarrollo emocional. La evolución de sus aspectos lesionados como así también de sus aspectos mas equilibrados. Sus padecimientos e incomprensiones. Me interesa describir los logros de sus experiencias atravesando ambas el tratamiento antes y durante el aislamiento social obligatorio por el Covid19.

El ruido del afuera se transformo en silencio. En ocasiones ese silencio no es solo vacío, es también un espacio acompañante.Veremos entonces como logramos entre la paciente y yo, un espacio en la distancia. Un entre a modo de espacio transicional, cuya trama construida a lo largo del análisis la sostiene y la acompaña.

Así como en la teoría del desarrollo temprano Winnicott nos habla de la capacidad de espera, de cómo descifrar y devolver al bebé las sensaciones dolorosas como la sensación de hambre, en algo que satisfaga el instinto de conservación y que además sea amoroso brindándole al pequeño humano en su total indefensión y dependencia, el sostén necesario para sobrevivir. Así el bebé irá incorporando de manera suficientemente buena lo que ambos madre e hijo vayan logrando en esa construcción de experiencia conjunta ya que allí en los comienzos de la vida humana no es uno sin el otro.

La paciente a la que hago referencia pone en juego experiencias transferenciales regresivas con su analista-mamá conectando así su sensibilidad con su mundo externo alrededor. Así como un bebé que es interpretado en su gesto espontáneo podrá tener la capacidad de desarrollar su madurez emocional, así la paciente puede expresar su confianza y sus potencialidades en la relación transferencial gracias al encuadre como holding.

Al decir de Ferenczi, ..."*una zambullida total hacia las madres no es posible si el analista...además de ser amistoso y cortés ...no se vuelve inofensivo comunicando sus tendencias sofocadas...desconsideradas.*[3]"

---

[3] Ferenzci, Sándor *"Sin simpatía no hay curación "* El diario clínico de 1932 AE 2008 pág 122

Desarrollo

Frente al distanciamiento social y la ausencia de acompañamiento familiar, obligaron a Lucy a transcurrir la cuarentena sola en su casa. Esto implicó al principio algunos temores. Así fue adaptándose lentamente a la nueva situación de la realidad y comenzó a reconstruir nuevos espacios dentro de su propia casa. (piano, mascota, luego volveré sobre esto).

Lucy fue despaciosamente armando en nuestra mutualidad afectiva, el sostén necesario para la creación de un nuevo espacio transicional al que yo considero el de la atención remota, como un espacio diferente. Un camino a una nueva individuación que le fue brindando un amparo propio.

Poner a funcionar la capacidad de espera tiene una estrecha vinculación con el desarrollo de la confianza en la transferencia, que una vez lograda le permitió, dentro del marco analítico algunas regresiones, que mediante dicho marco-holding necesario pudo ir logrando nuevos actos creativos al amparo del sostén y continuidad de mi función como analista.

...*"Shakespeare comprendía la necesidad de retrotraerse a la infancia para explicar la evolución posterior del tipo de vida de una persona"*[4].

Es trabajo del analista y en transferencia tener por objetivo, reconstruir nuevos puentes entre el mundo interno y el externo.

"Sólo la simpatía cura.(Healing=curación)

El entendimiento es necesario para poder aplicar la simpatía en el lugar correcto (análisis) ...Sin simpatía no hay curación...(a lo sumo intelecciones sobre la génesis del padecer)[5].

[4] Winnicott, D.W. *"Acerca de los niños"* Paidos 1998 pág 67
[5] Ferenzci, Sándor *"Sin simpatía no hay curación"* Diario Clínico 1932 AE 2008 pág 267

Primera Entrevista:

Lucy es una mujer de 57 años de contextura mediana. Camina algo torpe y carece de expresión gestual, es esquiva y no oculta su antipatía. Sus ojos parecen no mirar, parecen vacíos de mirada materna. Me recuerda el decir del poeta Octavio Paz:

> "Llévame, solitaria,
> llévame entre los sueños,
> llévame madre mía,
> despiértame del todo,
> hazme soñar tu sueño,
> unta mis ojos con aceite,
> para que al conocerte me conozca.[6]"

Inexpresiva hasta en su dolor comenzó a narrar un padecimiento histórico de intentos de suicidio, de subsiguientes internaciones, de médicos especialistas, de medicaciones interminables y sobre todo de diagnósticos que manejaba a la perfección y a modo de auto nombrarse, refería su diagnóstico de esquizofrenia desde los 17 años como su manera de presentación. Tanta violencia contenida se volvió muchas veces agresión contra sí misma y el efecto de la des-subjetivación producto del destrato y la falta de comunicación familiar.

En esa primer entrevista mientras la escuchaba recuerdo haber sentido su dolor cuando lo contaba de manera casi automática.

Al escuchar su historia de infinitas dificultades no atendidas, le dije haciéndole saber "sé cuanto debes haber sufrido, siento tu dolor". Emocionada (intuyo por primera vez), reconoce no haber escuchado decir esto nunca

---

[6] Paz, Octavio *"La poesía"* fragmento, Obras Completas Libro digital

antes a ningún profesional de todos los que la asistieron. Tampoco su familia reparó en eso nunca.

Ahora entiendo que mi sentir y comprensión de su dolor, como dolor ajeno, estableció el inicio de la confianza y de un vínculo a construirse en la transferencia. De a poco yo iba registrando sus emociones que al decirlas en la mutualidad establecida entre nosotras, ella fue aprendiendo y construyendo así las suyas propias.

Al comienzo del tratamiento me pregunté ¿cual sería su desarrollo o evolución?

Desde el primer momento decidí atenderla y acompañarla en este proceso, ya que entiendo que al decir de Ferenczi "Estar solo conduce a la división. La presencia de alguien con quien se pueda compartir y comunicar alegría y pena...cura el trauma"[7].

Así, cada quince días alternaba vivir entre el Psiquiátrico donde estaba internada y la vuelta a la casa paterna que habitó desde niña. En esa casa comparte el tiempo con su padre hasta el fallecimiento de éste dos años antes de la pandemia actual.

El proceso de duelo es atravesado sin demasiadas complicaciones para sorpresa de ella, de su familia y mía.

Historia familiar

¿Quién es yo?
¿Solamente un reclamo de huérfana?
Por mas que hable no encuentro silencio
Yo, que solo conozco la noche de la orfandad
Espera que no cesa, pequeña casa de la esperanza...[8]

Lucy es la cuarta hija de un matrimonio de clase media. Sus hermanos varones son profesionales, ella y su hermana no. El clima familiar en la infancia fue de des-

[7] Ferenczi, Sándor "Sin simpatía no hay curación" pág 267 AE. 2008
[8] Pizarnik, Alejandra "Poesía Completa" Lumen Grupo Editorial Libro digital.

trato y desinterés, su padre ocupado en su trabajo permanecía mas ausente y ajeno a los afectos familiares. Frente a los deseos de aprender a tocar el piano, su madre le compra uno, toma clases por varios años. Recuerda con nostalgia que era algo que le gustaba mucho pero que con el correr de los años "ya sus dedos están duros" y no podrá tocar mas. El clima entre hermanos no era favorable y frente al incansable maltrato de su hermana mayor, su madre le sugirió que dejara de hablarle, algo que hizo de inmediato y nunca mas volvieron a hacerlo. En su adolescencia tímida y poco sociable casi no tenía contacto con amigas. Es en esa época cuando comienza a percibir cierto deseo de aislamiento, tiene ideaciones persecutorias y alucinaciones visuales que le van impidiendo salir a la calle y utilizar transporte público. Dice disfrutar de la holgura económica familiar argumentando que era y es "envidiada y agredida" por dicha condición. Se sentía cada vez menos comprendida por sus padres quienes la subestimaban y desestimaban en su dolor psíquico.

Al término del colegio secundario comenzó un estudio terciario. Luego de severas dificultades emocionales se vio obligada a interrumpirlo y ya no fue posible finalizarlo.

Actualmente permanece compensada. El proceso de externación que comenzó hace tres años terminó frente a la irrupción de la cuarentena. Actualmente se encuentra autoválida viviendo sola en su casa paterna.

La Cuarentena nos sorprende

Instalada la cuarentena, el trabajo a distancia comenzó a dar en la paciente avances inesperados por el descubrimiento y construcción entre ambas del espacio transicional-remoto y de su propia confianza. Valorarla y pensarla es algo que va haciendo cambios en ella. Lucy al principio de la cuarentena pareció fragilizarse y manifestó cierta desorganización. Demandó cambios en el encuadre ya que al ofrecerle modificar nuestra modalidad de trabajo a no presencial, ella se negó, pidiendo que me hiciera cargo del pago de las llamadas telefónicas como medio de comunicación.

En este caso consideré que ella debía hacerse cargo y aclarándome frente a una nueva manera de atención a los pacientes, pude aclararle que de eso tenía que ocuparse ella. A sabiendas de poner en riesgo la continuidad del tratamiento y temor por la vulnerabilidad en la que quedaba la paciente, pero con la seguridad, que el límite la sostendría. Y así fue.

Para mi sorpresa al poco tiempo ella retomaba las sesiones, ahora semanales y bajo las condiciones del encuadre. Tan pronto como Lucy sintió que algunas de sus necesidades serían atendidas en el nuevo espacio de análisis comenzó a hacer algunos cambios mas vitales en beneficio propio. Consiguió comprarse un nuevo dispositivo con el cual poder comunicarse, se reconoce viviendo sola y su autoabastecimiento la deja mas tranquila. La transferencia en marcha y yo ofreciéndome como objeto de uso estuve allí haciendo respetar el encuadre en el marco del análisis como holding a los tiempos regresivos demandantes de ella.

Lo lúdico se instala y me tomo la libertad de enviarle alguna canción o fragmento literario por whatsapp, ya que ella desconoce como hacerlo por sí misma.

Es a partir de mí que ella tiene otro contacto con el exterior, soy yo quien le voy dando un lugar en el mundo.

Ella siempre fue la descartada, con el estigma de ser "la enferma" de la familia. Al decir de Giorgio Agamben, ha tenido "nuda vida", una vida sin existencia y sin identidad. Es a partir de la mutualidad construida como va consolidando su propia identidad. Muestra un insospechado despliegue de sentimientos y emociones desde como hacerse cargo de cuidar a una mascota o preguntarme si estoy bien en referencia a los cuidados del Covid19.

Mutualidad en marcha

Mas allá de la situación de la pandemia, hay un registro distinto en ella, algo de la mutualidad se puso en marcha. Puede registrar que es cuidada y al mismo tiempo comienza a preocuparse por el otro ajeno.

A su casa llegó una gatita a la que comenzó a alimentar y a cuidar pero a la noche la hace salir para que duerma afuera. Algo de mi señalamiento :¿Con éste frío? La hizo cambiar. Los restos de pulsión de muerte se van modificando, dándose cuenta de ello permite a su gata dormir adentro. Está aprendiendo a cuidar. Está re-aprendiendo a hacer lazo. Sus mensajes dejaron de ser lacónicos y se van transformando en comunicaciones mas cordiales.

La mutualidad a la que me refiero es un ir y venir que juntas vamos haciendo y que sucede en ésta, la particular relación transferencial. Según Ferenczi, la mutualidad es también sentir lo que el paciente siente, en este caso, yo sentí el dolor, el sufrimiento y el desamparo y se lo comuniqué.

Las herramientas tecnológicas por sí mismas no son nada. La transferencia es lo que permite y da vida al nexo remoto.

Poniéndome a prueba como objeto de uso, desplegó su odio-amor hacia mí y en un espacio transferencial ya existente. Y es a pesar de su agresividad a modo de relacionarse, con sus defensas tempranas, yo no sucumbí a sus ataques, resistí y sobreviví sin venganza.

¿Que pasó conmigo, con mi contratransferencia inicial?

Lo que esta paciente tenía instalado era amor-odio-hostilidad como manera de intercambio, a pesar de ello nuestra relación se fue construyendo no sin dificultades.

La escuché en su dolor y en sus tantos pedidos de ayuda que se abren a mi escucha en múltiples polifonías y un campo semántico a pensar.

Tan pronto como Lucy sintió que algunas de sus necesidades serían atendidas en el espacio analítico, empezaron a ocurrir cambios. Comprende y se permite hablar porque hay alguien que está para escucharla, dándole un lugar de sujeto y no de cosa. Se fue construyendo la subjetivación en lugar de seguir desubjetivándose. La corrí del deterioro como objeto y comencé a nombrarla por su nombre, lugar que ella también sintió conquistado.

El descubrimiento

En la medida que transcurren los encuentros remotos, tenemos posibilidades y descubrimientos que sin los dispositivos no serían posibles. Por ejemplo mostrarme a su nueva mascota, su casa aseada o mientras recorre con su dispositivo el lugar donde se encuentra haciendo la sesión, permitirme descubrir su piano y al preguntarle me lo muestra animosa, se acerca y comienza a tocar. Es un momento de júbilo, el encuentro entre ella y el piano. Ambas escuchamos a través de la pantalla la música que Lucy esta haciendo. Asistimos a un momento dichoso, ya que la paciente hace mas de veinte años que no se acercaba al piano.

Algo del gesto espontáneo sigue en movimiento y como un juego entre sus dedos y la música, la posibilidad de encontrar la melodía en su memoria, sus manos ágiles que le responden y yo que escucho con emoción desde mi pantalla y no dudo en decírselo.

Y es así que nuestras sesiones a partir de ese día, finalizan con una canción al piano: una canción de cuna llamada "Ensayo para niños" (Kholer) en una manera simbólica de ser capaz de acompañarse en ese acto musical.

Resumen

Desde mi lugar de analista me ofrecí aportándole elementos atractivos del mundo en un camino nuevo, que no conocía, siendo ella ahora sujeto deseante y corrida de ese lugar de cosa al que se le había asignado. Ella ya no se siente tan sola.

Permanentemente repite que "necesita encontrar las partituras" para poder tocar piezas completas al piano. Partituras como guías a seguir viviendo. Mis intervenciones son orientadas a apelar a sus potencialidades, que pueda seguir encontrando la confianza en ella misma, ya que considero que ella es mucho mas que un diagnóstico.

En todo este proceso, la atención no presencial remota se apoyó en la transferencia ya instalada en época presencial, pero en este caso ayudó al proceso de subjetivación.

Ella era una paciente con gestos alexitímicos, sin casi emocionalidad. En la medida que fue conectando con sus sentimientos profundos, fue modificando su gestualidad como resultado de su ser en el mundo.

Los dispositivos tecnológicos son a la atención remota, lo que una herramienta mas a la relación terapeuta-paciente.

Considero que los dispositivos son herramientas al servicio de la relación entre terapeuta paciente dándole el uso necesario al servicio del tratamiento y de la transferencia, para no perder la calidad de la continuidad de la atención del tratamiento en su condición de atención remota.

En mi práctica con los pacientes, el juego está siempre presente ya sea con niños que se juega con juguetes reales o imaginarios, con adultos con las palabras y con los silencios y en situaciones actuales concretas lo lúdico no se pierde. Los distintos dispositivos se utilizan como intercambio y descubrimiento de un nuevo gesto espontáneo y/o desplazamientos del "juego del garabato", que en el caso presentado, juntas vamos construyendo.

Para finalizar, diré que Lucy en su nuevo recorrido pulsional, va invistiéndose, acompañándose y descubriendo nuevas posibilidades para ella.

Para Freud la familia transmite la cultura y por otro

lado también transmite la renuncia a la satisfacción pulsional.

"El hombre culto ha cambiado un trozo de dicha por un trozo de seguridad, pero en la familia de la horda era solo el jefe que gozaba de esa libertad pulsional, mientras los otros vivían sometidos a esa esclavitud"[9].

Lucy sometida en cierto modo a un obrar de clan hordásico, quedó perpetuada al deterioro, su única salida como chivo expiatorio de una familia desencontrada y disfuncional, fue desconectarse y lesionarse como única manera de ser.

Encontrando en el devenir de su historia de tratamientos un encuentro finalmente con sus aspectos mas sanos, orientando así su libido pulsional al servicio de lo vital y creativo.

En tiempos de distancia, de pantallas y experiencias sin cuerpos, de incertidumbres y ansiedades propias, apelo a confiar en mis posibilidades y en las de mis pacientes para seguir dando continuidad en los tratamientos, abrazando la teoría, analizando mis propias emociones y posición interna frente a estos nuevos aconteceres externos, y por sobre todo, mi pulsión deseante como analista. Va con ello un afán lúdico que transforme ese entre y genere nuevos espacios transicionales que alojen en tiempos de ausencias. Así rescatar los canales posibles que nos permitan el nexo con nuestros pacientes, las plataformas virtuales como parte del encuadre, nuestra escucha y mirada a través de las pantallas haciendo el holding que cada paciente necesita.

[9] Freud, S. *"El malestar en la cultura"* 1929 OC Tomo XXI AE 2008 pág

Bibliografía:

Ferenczi, Sándor *"Sin simpatía no hay curación"* El diario clínico
    1932 AE 2008
Winnicott, D.W. *"Realidad y Juego"* Gedisa 2012
Winnicott, D.W. *"Escritos de Psicoanálisis y Pediatría"* Paidós 2012
Winnicott, D.W. *"Exploraciones Psicoanalíticas I* Paidós
Freud, Sigmund Tomo XXI *"El porvenir de una ilusión"* AE 2008
Freud, Sigmund Tomo XXI *"El malestar en la cultura"* AE 2008
Paz, Octavio *"La Poesía"* Obras Completas
Pizarnik, Alejandra *"Poesía Completa"* Lumen Penguien Random
    House Grupo Editoria.

Lic. Marita Auruccio

Licenciada en Psicología. Psicoanalista. Artista Plástica.
Posgrado en Especialización de Psicoanálisis de adultos de la Asociación Escuela Argentina de Psicoterapia para Graduados (tesis en preparación).
Socia Egresada AEAPG.
Integrante del Área Pensando desde Winnicott AEAPG.
Ex integrante de la Comisión de Cultura AEAPG.
Exposiciones individuales y colectivas de Pintura y Collage en Galerías de Arte en Buenos Aires, Toronto y Berlin.
Integrante del Área Secretaría de Relaciones Interinstitucionales.
Psicoanalíticas de AEAPG (Jornadas Clínicas Psicoanalíticas).

E-mail: marita_auruccio@yahoo.com

Lo bueno, lo raro, y lo sorprendente en el trabajo virtual. Miradas desde New York

Albert J. Brok

Julia Levenberg

Este capítulo consta de dos partes. La primera parte escrita por el Dr. Albert Brok, psicoanalista y la segunda parte, escrita por Lic. Julia Levenberg y estudiante de primer año del Dr. Brok, en el posgrado de terapia psicoanalítica de parejas y de grupo, en la clínica de TIMH, en New York. Ambas partes relatan las experiencias clínicas de dos terapeutas neoyorquinos durante la pandemia. Uno muy avezado y la otra una novel analista. Contiene los testimonios del pasaje de la clínica psicoanalítica de lo presencial a lo digital.

En este escrito, se presentaran viñetas clínicas de terapia grupal y de terapia de pareja. A continuación, la primera parte con el relato clínico de Albert Brok sobre "una" terapia grupal.

En terapia

El trabajo grupal suele ser un espacio terapéutico adicional a la terapia individual psicoanalítica y es más frecuente en los Estados Unidos que en Argentina.

En este escrito, presentaré una viñeta clínica sobre un grupo terapéutico, con el cual trabajo desde hace años, la que está relacionada con el pasaje de la terapia presencial a la terapia online en los comienzos de la cuarentena.

El grupo terapéutico que presentaré, está formado por seis personas porque considero que es un número adecuado para una buena interacción y para lograr un clima de intimidad grupal. Todos ellos se conocen bastante y trabajan muy bien juntos desde hace años. En el último tiempo se incorporaron Neal un empresario y Jorge un, abogado. Ellos llevan menos tiempo en el grupo. Los otros miembros son: Bonnie que trabaja de psicóloga, Gregorio que ejerce la abogacía, Carlos un economista y Lucas quien se desempeña como locutor de radio.

Todos ellos se encuentran o encontraron en algún momento, en análisis individual conmigo, pues antes tengo que conocerlos bien, para poder aumentar la probabilidad del buen funcionamiento del grupo terapéutico. En mi experiencia los grupos tienen un buen funcionamiento cuando se conforman con un Yo similar (maduro) y con sintomatología diferente, porque esto permite evocar emociones y desplegar aspectos transferenciales.

En este grupo, a nivel dinámico todos tienen un buen nivel intelectual para trabajar, con una buena flexibilidad yoica, y diferentes tipos de síntomas y defensas. Veamos una breve diagnosis de sus participantes.

Neal posee un carácter narcisista, manipulador y con rasgos sociopaticos. Perdió a su esposa enferma de alcoholismo hace 10 años y tiene 3 hijos. Tiene dificultades para construir y sostener un estado emocional de intimidad. Frecuenta prostitutas desde muy joven, se pone en peligro y corre riesgos de salud al buscar mujeres en la calle que lo satisfagan en su auto, además del riesgo que corre si la policía lo ve o alguna camara lo registra. Desde que empezó la terapia, grupal y por el impacto del coronavirus no frecuenta más a prostitutas. El siente un vacío emocional y no sabe cómo construir relaciones sanas. A partir del trabajo grupal está experimentando como edificar una relación emocional genuina y poder mostrar sus sentimientos y vulnerabilidad. Tiene una novia que no desea involucrarse totalmente con él, porque no le inspira confianza, pero que tampoco se decide a dejarlo. Él, está tratando de recuperar su confianza.

El grupo le señala que él no se deja ver, que se oculta, que tiene secretos y le también le muestra sus disociaciones.

Cabe señalar que la ventaja de la terapia grupal es que esta agrega el desafío de hablar de uno mismo, relacionarse, confrontar y ser confrontado por pares. El grupo opera como un lugar intermedio entre el psiquismo y la realidad.

Jorge otro de los integrantes, es abogado y perdió a su padre cuando tenía 8 años. Es divorciado y tiene 3 hijos. Es un poco pasivo, dependiente, cuenta con muchos años de terapia individual en los que a trabajo estos aspectos, por lo en este momento se encuentra más activo y más cómodo para enfrentar los desafíos en su trabajo. Tiene un amante en su vida. Se trata de una mujer unos diez años menor que el, vital y atractiva aunque insegura. Después que su padre murió el creció con su madre y su hermana. Su madre no volvió a casarse. Jorge, también tiene dificultades con la intimidad. Es divorciado y su ex esposa se encuentra en tratamiento psiquiátrico.

Bonnie, es Doctora en Psicología y trabaja de manera privada, después de trabajar en un hospital por 15 años. Manifestaba poco entusiasmo de empezar una relación íntima, después de sentirse desilusionada y frustrada por su ex novio que le declaró su homosexualidad. También sufrió de una depresión ocasional y sentía inseguridad para involucrarse con un hombre. Hace 8 años que no sale con un hombre. No quiso entrar en un grupo por muchos años. Es dependiente y tiene una buena transferencia conmigo en terapia individual y le llevó tiempo estar lista para compartir la relación terapéutica que tenía conmigo con otros. Ahora, en su participación grupal, se "muestra" cada vez más. Lo mismo sucedía con sus pacientes se escondía detrás de su intelectualización. Bonnie, mejoró mucho en terapia individual, pero más logros tuvo con la con la combinación de terapia individual y grupal.

Lucas es casado con dos hijas. Es muy buen padre y logró madurar aspectos de su personalidad gracias a su análisis individual. Hace 9 años que está en terapia grupal. Antes, era más narcisista, inseguro, carecia de empatía, se enojaba y gritaba fácilmente, y tenía tendencias compulsivas.

Gregorio está casado, tiene dos hijos, es buen padre y esposo. Es un poco esquizoide, con tendencias compulsivas. Sus procesos terapéuticos individual, de pareja- por lapsos- y de grupo, le han ayudado a involucrarse emocionalmente. Se lo observa más relajado y espontaneo. Su esposa es muy inteligente, tiene problemas de dependencia y se pone mal cuando Gregorio, se esconde en su trabajo. Ella manifiesta inseguridades y a veces impaciencia. Lo presionaba a Gregorio para dejar su trabajo de alto nivel, para tomar otro como abogado más cerca de su casa. Gregorio ha mejorado mucho durante su terapia. Se siente más cómodo confrontando a su esposa, a la gente en el grupo, con sus opiniones y devoluciones y compartiendo sus experiencias espontáneamente.

Carlos, se ha analizado 20 años conmigo de manera individual tres veces a la semana. En terapia grupal se viene analizando desde hace dieciocho años. Ha mejorado mucho durante este tiempo. Su madre tiene una personalidad "bordeline" y su padre es un hombre muy pasivo. Carlos, era intolerante y explosivo cuando comenzó su análisis. Tenia la necesidad de estar con un hombre fuerte y seguro y también era muy competitivo.

Me llamó por mi primer nombre desde que comenzó la terapia. Entendí que era su manera de neutralizar mi autoridad, pero esperé un tiempo para interpretar esta situación, hasta que tuvimos una buena alianza terapéutica,

Un ejemplo de la pasividad de su padre fue cuando con temor le pidió a Carlos, que le prestara 10.000 dólares para saldar una deuda y le pidió que no le dijera nada a su madre. El padre se ubicaba en la posición de hijo y ubicaba a Carlos en la posición de padre. Su madre le decía que "vivía por él", y que "sin él se iba suicidar". Después de muchos años de estar con varias novias se casó con una mujer con un doctorado en química que trabaja para una gran empresa. Los dos están tratando de tener un hijo.

La sesión online

La viñeta que presentaré ocurrió durante las primeras semanas en la que realizamos el pasaje de lo presencial a lo virtual como consecuencia del aislamiento preventivo por el Covid-19. Utilizamos la plataforma de Zoom para nuestros encuentros.

Unos de los primeros cambios que ocurrieron fue que todos tuvieron que encontrar un lugar privado y tranquilo para realizar su sesión de terapia.

En esta primera sesión online grupal estuvo ausente Lucas, quien tiene tres hijos adultos recién llegados a su casa de la Universidad para las vacaciones de verano. La ausencia de Lucas se debió a que no pudo encontrar un espacio suficientemente tranquilo y privado para participar de la sesión.

También observé en estas sesiones iniciales de terapia online que el grupo se puso informal en su vestimenta, ya no venían a la terapia de su trabajo, pues estaban todo el día en sus casas.

El tema del -espacio del paciente- es importante, porque casi nunca el terapeuta se entera cómo y en qué tipo de lugar y condiciones viven sus pacientes. Pienso, que es un aspecto a tener en cuenta, el lugar de su casa que eligen y las imágenes que se observan como fondo en la pantalla. Estos aspectos resultan muy interesantes para apreciar los aspectos no verbales de los pacientes. Por ejemplo, Neal al principio, se situaba en un espacio muy oscuro, y casi no se veía, lo que constituye una metáfora de cómo es su carácter. Varios participantes lo notaron y lo confrontaron en una manera amable. Su asociación lo llevó a relatar que él no fue registrado por sus padres, ellos no lo veían y no le hablaban. Esta situación no verbal tuvo un valor terapéutico porque el grupo registró su comportamiento y se lo manifestó, a diferencia de lo que hicieron sus padres.

Otro miembro del grupo en este pasaje a la terapia digital, tenía detrás de él una cama desarreglada, otros tenían mascotas que sumaron a la sesión para que todos las pudieran ver. Otra observación que realicé es que varios de los participantes se sentían incomodos e inquietos trabajando online. A esta particularidad la llamé "el impacto de la mirada velada", pues algunos de los integrantes del grupo asociaron la pantalla por donde nos veíamos, con la sensación que tuvieron en su juventud en donde siempre faltaba entre ellos y sus padres una genuina relación emocional: -*"mi madre me veía por un vidrio oscuro"* asoció Bonnie, que junto con Neal tenían la tendencia de no dejarse ver ni conocer. Ellos compartían pocas emociones y sueños. Neal y Bonnie, se dejaron ver como a través de un cristal oscuro. Interprete estos comportamientos como una puesta en escena, una repetición de lo que ocurría con sus padres y de la manera en que ellos se sentían con ellos. Más adelante y de manera gradual se dejaron ver más por el grupo y en su vida cotidiana, tenían más interés en "ver" a los otros.

En esta sesión grupal online que presentaré, elementos que no aparecieron en las sesiones presenciales. En primer lugar se observó que todos estaban vestidos de manera informal y en la viñeta que describo no se expresaba lo que traía la imagen, lo que se veía a través de la pantalla, hasta que decidí hacer una intervención, la que de a poco creció en importancia para todos.

Esto es lo que se veía:

Comienza la sesión grupal on line. Aparece Bonnie en su baño arreglándose el cabello, su pelo y presentándose de una manera bastante seductora. Carlos aparece en la pantalla acostado en un diván en su casa, parece casi dormido. Enfoco en este artículo solo lo que ocurrió con Bonnie y el grupo. Nadie dice nada de lo que Bonnie estaba haciendo, peinando su cabello, poniéndose maquillaje, arreglándose. Después de un tiempo le señalo al grupo que nadie comentó la actitud de Bonnie. Bonnie, se muestra un poco seductora y por otro lado le comunica al grupo de manera inconsciente que se dejaba ver más. Ella, muestra en un nivel una seducción infantil, como la de una niña que quiere atraer la atención de su padre, y en otro nivel es evidente que se muestra más. Mostraba sus zonas más vulnerables de manera no verbal, con diferentes niveles de desarrollo simultáneos. Un nivel pre-verbal relacionado con el vínculo con su madre y un nivel verbal relacionado con el vínculo con su padre.

Bonnie, puso en escena en el grupo una fantasía sexual ¿*"cómo me ven, les gusta como soy"*? el grupo no reaccionó frente a este cambio y como terapeuta me pregunté ¿cómo es que nadie comento como la veían?, especialmente cuando el grupo como parte de su dinámica solía confrontar otras manifestaciones similares.

Observé que varios de los hombres negaron o fueron intimidados por el comportamiento de Bonnie porque el mismo tenía una connotación sexual. El grupo estaba en una posición resistente y de negación defensiva.

Le pregunté a Bonnie como se sintió por la ausencia de comentarios del grupo y ella contestó que se estaba peinando en el momento que se conectó, porque no tuvo tiempo antes y manifestó otras excusas de índole defensiva.

Mi pregunta hacia el grupo facilitó y abrió un nuevo nivel de discusión.

Uno de los hombres notó que ella no tenía razón, que había tiempo para peinarse antes de entrar a sesión. Cuando las reuniones eran presenciales, ella siempre llegaba a tiempo y bien arreglada aunque tenía que tomar el subterráneo. *¿Cómo puede ser que ahora no tuviera tiempo?*

Este comportamiento de Bonnie permitió un intercambio sobre cómo cada comunicaba de manera no-verbal aspectos inconscientes que no aparecían en las sesiones presenciales y que repercutían a nivel transferencial en los demás integrantes del grupo. Por ejemplo, Bonnie tratando de obtener una atención romántica de los hombres del grupo y también mía como representante de la figura paterna -su padre favorecía a su hermana. Los varones del grupo reaccionaron con timidez hasta que yo hice un comentario -para romper el silencio-, a partir del cual surgieron otros contenidos. Deseo simplemente mostrar que el pasaje hacia lo virtual, aportó elementos nuevos, regresivos y evocativos.

De esta manera virtual, el tratamiento individual y especialmente la terapia grupal, nos aporta un elemento valioso al conocer el ambiente del paciente, y aumenta las posibilidades de ver, analizar y trabajar con transferencias y aspectos caracterológicos de los pacientes. Lo virtual agrega una situación ambiental especial. En este sentido, trabajar virtualmente puede llevar a evocar momentos importantes en la vida de los pacientes que en lo presencial no surgirían fácilmente.

Voy a concluir con una nota de Freud de *Análisis Terminable o Interminable de 1937. Él se pregunta ¿porqué* un análisis es interminable? Él decía que todo lo conflictivo o traumático no suele aparecer en un análisis y tampoco puede provocarlo el analista porque se arriesga perder la transferencia positiva y la alianza terapéutica. Entonces, propuso esperar hasta que suceda algo traumático o conflictivo en la vida del paciente y lo trajese para trabajar en análisis.

Quiero señalar, que el grupo virtual añade una nueva dimensión. Vemos actos inconscientes y eventos conscientes que no veíamos en el modo "presencial". Surgen nuevas transferencias que hacen que el análisis sea más "terminable que interminable". El valor que agrega la terapia grupal es que evoca transferencias y situaciones que no se logran fácilmente en el análisis individual, debido a las relaciones multidimensionales entre los participantes. y el analista. Además, en lo virtual notamos, como en mi viñeta clínica como Bonnie, aparece en el montaje terapéutico con situaciones que no se encuentran en lo presencial.

Esto ayuda a la movilización y a lo "terminable" de un proceso terapéutico

Las Crónicas neoyorquinas de la Lic. Julia Levenberg

Hace poco que empecé mi carrera como terapeuta y ahora estoy estudiando un postgrado en terapia de pareja en un mundo muy surrealista.

La pandemia ha traído nuevas perspectivas, no solamente para mí sino para los terapeutas en general. Un elemento que me encuentro compartiendo con mis pacientes, es que todos estamos experimentando juntos la misma nueva perspectiva.

Durante la pandemia tuve que cambiar y hacer durante la sesión un espacio para discutir las noticias y los datos que cambian constantemente, buscando la mejor manera de adaptarnos a esta nueva forma de vida.

Muchos de los deseos de mis pacientes fueron suspendidos debido a la pandemia. Al mismo tiempo comenzaron a surgir en algunos, nuevos anhelos como, por ejemplo: ¿cómo poder experimentar alegría en la vida?, ajustándose a una nueva manera de vivir y cuan apropiado es sentirse bien en este momento? Dadas las circunstancias de pandemia algunos podrían sugerir que es apropiado sentirse mal, porque estamos viviendo una crisis que afecta a todo el mundo.

La mayoría de personas han experimentado en esta época el dolor de la soledad o el sufrimiento de una ruptura amorosa. Estos tiempos nos hacen recordar la soledad y el dolor, pero también nos hacen disfrutar de las amistades y en terapia tenemos un espacio y la sensación que alguien nos entiende y nos escucha.

Las pérdidas también están adquiriendo un nuevo significado. Los seres queridos de algunas personas están en hospitales y no se les permiten recibir visitas. Los terapeutas empatizamos con este dolor y sentimos lo que nuestros pacientes experimentan. Este dolor muchas veces nos queda después de la sesión.

Trabajando desde casa, no poder trasladarnos, no ver a las amistades, ni a la familia nos aísla aún más. La gente depende de este sostén emocional para mantener la estabilidad en su vida personal. No hay acceso a un cine o teatro, ni museos o conciertos para relajarse y divertirse. Actividades que brindaban diversión y comodidad están alejadas ahora de la vida cotidiana.

Si bien es más seguro quedarse en casa, la gente no puede evitar querer ver a los demás. Es antinatural estar tanto tiempo sin ver a otras personas en presencia, sentimos que nunca habrá un final de esta situación, somos seres humanos, necesitamos amar y ser amados. Una colega con la cual superviso refiriéndose al término "distancia social" pensó que sería más adecuado utilizar "distanciamiento espacial" pues somos seres humanos y sociales.

Otro aspecto que me parece interesante compartir es que muchos de mis pacientes con los cuales trabajo no los he conocido personalmente. Somos como imágenes en una pantalla. Me resulta clínicamente interesante ver cómo la gente arregla sus hogares, que colores tienen en sus paredes, que cuadros tienen y especialmente como colocan su computadora para verme durante la sesión. Estos aspectos me brindan elementos inconscientes a tener en cuenta durante el proceso analítico.

En relación a la terapia de pareja, algunas de las parejas que atiendo se sientan separadas y otras se sientan juntas en un sofá, esta conducta no verbal constituye para mí una fotografía del momento emocional en que se encuentran.

Como parte del encuadre formal en este momento de pandemia, siempre me coloco con una pared blanca de fondo. Esto les da a los pacientes la oportunidad de reflexionar sobre ellos y no estar tentados a hacer una pequeña charla sobre lo que hay en la habitación donde estoy.

Cuando pensé en mi futuro como psicoterapeuta privada, sentí curiosidad por la terapia virtual. Ahora que he estado trabajando sólo por medios digitales desde hace unos meses, veo que hay un aspecto significativo en el encuentro personal, pues los pacientes hacen un esfuerzo al venir al consultorio, realmente los motiva el encuentro.

Una situación singular que encontré en la terapia virtual trabajando con una pareja en este periodo, la observé en una sesión que tuve con ellos. Con Mary y Jack venía trabajando desde hacía siete meses. Mary, se veía particularmente molesta y le pregunte que le estaba pasando. Ella empezó a gritar, decía que no podida estar más en esta relación y se fue a otra habitación. Su pareja la siguió dejándome sola en la pantalla. Yo los veía caminar de un lado a otro mientras se gritaban. Me quedé esperando mientras veía y escuchaba sus interacciones por alrededor de quince minutos. Afortunadamente, volvieron y pudimos hablar sobre lo sucedido. No sé qué hubiese ocurrido presencialmente, porque en mi consultorio no hay "otro cuarto" para escaparse.

Otra situación particular que me sucedió fue con Rick y Jane, una pareja que atiendo semanalmente. Querían tener una sesión de video conmigo mientras estaban de vacaciones. Cuando realizamos la sesión ocurrió algo curioso: me dieron un recorrido por el hotel. Si no estuviéramos en la circunstancia de pandemia, tal vez la pareja se hubiese tomado una semana libre y luego continuar las sesiones de terapia al volver de las vacaciones. Me pregunté porqué querían mostrarme la habitación del hotel? ¿Cuál era el mensaje que se suponía que tenía recibir? Pensé que estaba relacionados aspectos transferenciales relacionados con sus figuras parentales mostrando los logros que habían conseguido por estar en un lugar tan bello.

Estos aspectos y situaciones que he relatado y que han tenido lugar en el pasaje de lo presencial a lo digital han enriquecido mi práctica. Me encuentro bastante confortable usando la terapia digital, y mis pacientes relatan que tienen más flexibilidad con sus actividades por estar en su casa y no tener que viajar a sus lugares de trabajo. Sólo para unos pocos es problemático, pues no pudieron hallar un espacio privado en su casa para realizar sus sesiones y más cuando tienen hijos pequeños.

Dr. Albert Brok

Comisión Directiva: Psychoanalyses: American Psychological Assoc.
Director: Terapia Pareja y Grupal, Analista Didactico: TIMH, NY
Ex President: Seccion 1, Psicologia y Psicoanalisis, Division 39,
APA, USA
Fundador (1980, y Director (1980 - 2020) de programas en Terapia
de pareja y grupo, TIMH.
Integrante: Cineanalisis: APA. Argentina.
Brok, A.J (2020). Play, Ilusion, Reality and Trauma, IP Books, NY
Brok, A J. (2019) The lost Father and regressive desire in
Almodovar's "Talk to her" Cápitulo en Pedro Almodovar: Cinema of
Desire, Passion and Compulsion: A. Richards & L.Spira (edts) IP
Books, NY
Brok, A. J. (2015). Discovering unrealized aspects of ourselves Sur-
prises from Psychoanalytic work crossing the border. IPA, Boston,
USA
Brok, A. J. (2007) Lo ludico, lo serio y cultura Norte Americano:
Presentador invitado: Comisión de Cultura:, APA Argentina.
Ex: Professor: Columbia University y Director de Psicologia Clinica,
Graduate Faculty New School for Social Research, NY.
Mas de 70 articulos y 5 libros y.100 presentaciones desde 1972

E-mail: drajbrok@gmail.com

Julia Levenberg

Candidate: Training Institute for Mental Health Fellowship Pro-
gram.
Certificado en Terapia de Pareja –
New York University, Silver School of Social Work, New York, NY
Master of Social Work: May 2018.
Ramapo College, Mahwah, NJ BA.
Honors: Dean's List, Evelyn Aronow Scholarsh
Experience with biopsychosocial assessments, treatment plans,
home visits and client-centered services.
Experience in administration and delivery of psychotherapy to chil-
dren, adolescents, couples and adults.

E-mail: julia.leenberg@gmail.com

Nuestra clínica en tiempos de pandemia: "Interrogantes acerca de la eficacia del trabajo virtual".

Silvia Koval de Eliaschev

Introducción

En los últimos 6 meses cuando despierto e inevitablemente me conecto con lo que nos esta tocando vivir a partir de la aparición del virus, se me torna muy difícil obviar la reflexión que intenta distinguir "realidad" de "pesadilla".

Ese retrato de la realidad que se nos presenta hoy a diario, trata de una "cuarentena" que casi en simultáneo altera la vida de gran parte del planeta. Así se configura nuestra cotidianeidad dejándonos entre otras cosas como registro, una serie de escenas icónicas en las que proliferan la video llamada como medio de comunicación y la imagen de una pantalla partida, dividida en pequeños cuadritos donde los participantes se juntan sin poder tocarse, donde se ven sin encontrarse.

Algunas cuestiones que resultaban normales como ir a trabajar, verse con amigos, hacer deportes, pasear, abrazarse con la familia... de un día para otro y en forma intempestiva pasaron a ser peligrosos, y se convirtieron en eventos prohibidos.

Frente a esto resulta entonces necesario recurrir con el pensamiento a algunos conceptos que los psicoanalistas conocemos muy bien y que aparecen en nuestra mente, a la hora de "escuchar" a nuestros pacientes y de "escucharnos"...

Y en esa escucha distinguir algunos aspectos que a mi criterio se hallan involucrados en este proceso generando interrogantes. Trauma, soledad y duelo son tres conceptos que entiendo necesarios tomar a la hora de investigar y así definir esta época.

Me permitiré entonces a través de este trabajo, un acercamiento a las problemáticas que atraviesan este momento y a las preguntas acerca de la eficacia de nuestras intervenciones, teniendo en cuenta que nos encontramos transitando un proceso todavía desconocido que desde la experiencia clínica puede tener varios destinos. Desarrollo que se haya sostenido por los conceptos de transferencia y contratransferencia, ambos importantes a la hora de pensar en el manejo de una clínica responsable, pero inmersa en un cambio del encuadre que resulta significativo, la atención exclusiva "on line".

Interrogantes de una experiencia que se halla en proceso ya que aunque probada con algunos pacientes que se fueron a vivir al exterior no ha sido masiva como lo es en la actualidad.

"Pandemia y trauma" ¿Un destino inevitable?

Si nos tomásemos el trabajo de hacer una investigación en relación a la experiencia de los distintos colegas, probablemente nos encontraríamos con muchas opiniones acerca de lo que cada uno siente respecto a la evolución del trabajo en la clínica en estos tiempos. Tiempos en los que solo es posible el análisis virtual, una modalidad quizás muy conocida para nosotros los analistas, desconocida e inquietante para muchos de nuestros pacientes.

Muchos de ellos sienten que el aislamiento les ha permitido conectarse de otro modo con sus familias. Tienen más tiempo para estar en casa y hacer cosas que deseaban. Otros se sienten muy solos y deprimidos. Y es ahí cuando volvemos a toparnos con el concepto del caso por caso ya que no todos los sujetos experimentan los mismos sentimientos como tampoco los mismos síntomas frente a esta nueva realidad.

La experiencia clínica aunque todavía corta, permite ver sin embargo que algo sucede en común y repite, y esto es que aun cuando algunos verbalizan el sentirse bien y felices frente a algunas de las consecuencias de este proceso, algo de lo traumático se juega igual, inevitablemente.

La incertidumbre, aquello de lo impredecible, el no saber acerca del destino que les espera, coloca a los sujetos en situaciones de desvalimiento e inermidad.

¿Cómo sigue esto? ¿Tiene fin? Son algunas de las preguntas que acumulo de mis pacientes que se sienten amenazados por un virus que puede matarlos o matar a las personas que aman...que puede dejarlos sin trabajo y por lo tanto sin ingresos para subsistir...

¿Cómo adaptarse a esta realidad, cómo defenderse frente al fantasma que acecha? Y como realizar abordajes adecuados en situaciones en donde lo que impera son sensaciones que lindan con lo disruptivo, que como tal irrumpen en nuestro psiquismo generando síntomas.

Amenaza. Se trata de un concepto que se transluce en nuestra escucha dejándonos a veces sin respuesta, aunque al decir de Lacan estemos instituidos como psicoanalistas en el lugar del "sujeto supuesto saber".

Mordechai Benyacar (2003) nos habla de la respuesta del psiquismo frente a las catástrofes sociales. Coincidirán que nos encontramos frente a una situación que puede acercarse a esta definición.[1]

Como lo define este autor "amenaza es todo aquello que actúa en el psiquismo de un sujeto como señal de

---

[1] Benyacar Mordechai (2007) *"Lo disruptivo" Amenazas individuales y colectivas.* Editorial Biblos

peligro que atenta contra la integridad de su cuerpo, su psiquismo o su misma existencia"

Y en líneas generales se nos presenta un panorama de realidad que nos habla de eso... las autoridades, los medios de comunicación no hablan de otra cosa, un mundo paralizado por un virus, infectados y muertos, riesgo de estar cerca de los seres que amamos, una amenaza que paraliza... pura pulsión de muerte...

Y es en ese escenario, en el que tenemos que desarrollar nuestro trabajo, sosteniendo la transferencia y acompañados por nuestra contratransferencia, o sea por nuestra propia respuesta frente a esta situación en la que nos hallamos absolutamente incluidos.

Confieso que muchas veces me he tenido que sobreponer en sesión por haberme sentido muy identificada con los sentimientos de pacientes que me transmiten a través de la pantalla de WhatsApp su angustia, su desesperanza.

¿Y cómo responder ante semejante desafío? Afinando la escucha, porque es en esas circunstancias en las que nuestra función es central, hablo de advertir en el discurso aquello de lo latente que va más allá de la realidad concreta, aquello que nos habla de "lo inconsciente" y de su condición de atemporalidad.

Porque aun en momentos muy difíciles, es el inconsciente el que siempre se despliega ofreciéndonos aquellos significantes que nos hablan de otra realidad, la realidad psíquica. Un punto central ya que se trata de un concepto que nos acompaña resignificando nuestra historia.

Pero claro, tal como planteo en la introducción del trabajo no es posible generalizar, cada paciente es una historia que nos invita a investigar aunque muchas veces debamos desde nuestra función, ejercer nuestra "capacidad de reverie" al decir de Bion, para intervenir y paliar aquello que resulta arrasador.

¿Podremos pensar en este proceso que estamos atravesando como un proceso traumático?

El concepto de trauma es básicamente económico, desde esta perspectiva podemos pensar la energía como cantidad, cantidades que ingresan al aparato psíquico como excitaciones, que ante la falta de apronte angustiado del yo, devienen traumáticas.[2]

Cuando la coraza antiestímulo es arrollada con la consiguiente alteración económica e imposibilidad de cualificar, se produce un dolor que no cesa, quedando abolida la conciencia y la subjetividad.

Dice Freud (1920) "La vesícula viva está dotada de una protección antiestimulo frente al mundo exterior" no así frente a su mundo interno del que seguramente un sujeto podrá defenderse utilizando la proyección.[3]

La aparición del virus en China y luego en Europa a fines del año pasado y su inesperada llegada a la Argentina durante febrero, fueron noticias inicialmente desechados por las autoridades gobernantes constituyéndose esto en una circunstancia particular. Me pregunto acerca de las consecuencias de haber sido tan inesperado, y quizás también "desmentido" y sus efectos en nuestra subjetividad.

De repente surgieron situaciones que modificaron el día a día de los sujetos. Angustia e incertidumbre se convirtieron en una constante, inundando nuestro psiquismo al modo de excitaciones externas difíciles de controlar. ¿Habrán tenido estas últimas la fuerza suficiente para perforar la protección antiestímulo generando un trauma?

Benyacar (2003) define las condiciones que potencian la capacidad disruptiva de un evento. Estas son, que se presenta de manera inesperada, que interrumpe un pro-

---

[2] Koval de Eliaschev S (2003) *Trauma psíquico. Neurosis traumática. "Acerca de las intervenciones en crisis"*. Art. publicado en la revista "Trópicos" Soc. Psicoanalítica de Caracas

[3] Freud S (1920- 1922) O. Completas Vol. 18 *"Más allá del principio de placer"* Editorial Amorrortu

ceso normal y habitual indispensable para nuestra existencia o para mantener el equilibrio, que mina el sentimiento de confianza en los otros. Sin profundizar demasiado, todas estas condiciones podemos intuirlas existentes en el proceso que atravesamos.[4]

Es interesante entonces pensar, como estas condiciones incluidas en la definición de un "evento disruptivo" devienen en los diferentes sujetos como "vivencia traumática" y se articulan definiendo una respuesta sobre el afecto y la representación del mismo.

Un paciente a quien atiendo hace muchos años con una historia de abandono y maltrato familiar en su infancia y adolescencia, algo que a lo largo de años y duelo mediante, en un trabajo analítico profundo logro superar, se descompensó frente a la amenaza de contagio con la epidemia de Covid.

Dejo de dormir, y frente al confinamiento comenzó a sentirse muy angustiado derivando esto en una sintomatología afín con el trastorno de pánico, lo que obligó a la vuelta a la medicación psiquiátrica que había dejado hacía ya varios años.

Al mejor estilo definido por la metapsicología freudiana, una vasta ruptura de la protección antiestímulo nos conduciría a pensar estos casos encuadrados en el concepto de neurosis traumática. El terror ligado al peligro de muerte tiene como condición la falta del apronte angustiado. Si en los primeros tiempos del infans no aparece la presencia de una figura empática que promueva la capacidad de ligar para habilitar la representación y el pasaje del proceso primario al secundario, seguramente frente a situaciones límite, la respuesta será regresiva y similar a la que presentó mi paciente.

Son estos casos más complejos los que me interrogan acerca de la eficacia del trabajo virtual. ¿Podremos sos-

---

[4] Benyacar Mordechai (2007) *"Lo disruptivo" Amenazas individuales y colecticas*. Editorial Biblos

tener nuestra capacidad de "holding" al decir de Winnicott sin nuestra presencia concreta? ¿Lograremos a través de la pantalla la empatía necesaria que desplegada en la transferencia funcione colaborando con la capacidad de lograr ligazones?. Me refiero a aquellas que calmen el terror muchas veces sin nombre que recuerda la falla inicial, el trauma por lo que "no sucedió"... al decir de Massud Khan.

Preguntas que seguramente podremos respondernos a posteriori de esta experiencia, sosteniendo nuestro trabajo a rajatabla, con las herramientas que contamos. Como se pueda...ejerciendo la responsabilidad de nuestra condición.

El concepto de soledad: Su impronta en el desarrollo de la pandemia

Se trata de un concepto que no ha sido tratado por la metapsicología freudiana con mucha profundidad.

Aparece sin embargo en las conferencias del tomo XVI en el apartado sobre la angustia, un Freud que liga el sentimiento de soledad a las fobias. Plantea que las primeras fobias situacionales de los niños son a la oscuridad y a la soledad. Algo ligado a la angustia de indefensión se juega frente a estos sentimientos y que tal como lo define Silvia Bleichmar se trata de "una angustia de indefensión que resultaría impensable antes de la constitución del yo"[5].

En consonancia y en un artículo más extenso, fue Melanie Klein (1963) quien tomó varios aspectos ligados al desarrollo de su teoría para explicar este concepto.

Según su definición no se trata de la soledad como aquella situación objetiva de verse privado de la compañía de otros, sino de la sensación intensa de soledad, sean cuales fueran las circunstancias externas. Refiere al

---

[5] Bleichmar Silvia (2016) *"La construcción del sujeto ético" El sentimiento de soledad* Editorial Paidós

sentimiento de sentirse solo pese a estar acompañado y a recibir afecto. Un sentimiento que queda ligado a otro tipo de ansiedad, aquella que proviene de ansiedades paranoides y depresivas derivadas de las ansiedades psicóticas del bebé.[6]

Una relación temprana satisfactoria y el pasaje de la posición esquizoparanoide a la posición depresiva en la que aparece un yo más integrado dice Klein, contribuirán a mejorar la inseguridad paranoide, que aparece como la causa esencial del sentimiento de soledad.

Por otro lado Winnicott (1958) plantea que la base de la capacidad para estar solo se sostiene en la experiencia infantil de estar a solas en presencia de otra persona, generalmente la madre.[7]

Pensarlo de este modo ensaya una paradoja "estar a solas aún cuando otra persona se haya presente".

La hipótesis de Winnicott es que estas experiencias tienen lugar en una fase muy temprana cuando la inmadurez del yo se ve compensada por el apoyo proporcionado por la madre. Con el tiempo el niño introyecta la madre sustentadora y de esta forma se ve capacitado para estar solo. Es decir el niño podrá estar solo gracias a que recibe el apoyo de un yo digno de confianza y a la posibilidad de introyectarlo e integrarlo a su personalidad.

El tema de la soledad tan tratado por la filosofía aunque poco estudiado por el psicoanálisis, me generó frente a la pandemia la necesidad de investigar en algunos autores contemporáneos, sobre todo aquellos que hablan de los vínculos tempranos.

La situación de actualidad con el virus, ese "quédate en casa" porque si no corres el riesgo de morirte, disparó en

---

[6] Klein Melanie (1963) Obras Completas *"Envidia y Gratitud" "Sobre el sentimiento de soledad"*. Editorial Paidós

[7] Winnicott DW (1958) *" La capacidad para estar solo" Los procesos de maduración y el ambiente facilitador"* Editorial Paidós

algunos pacientes todo tipo de sentimientos paranoides y a más largo plazo sentimientos depresivos.

En mi experiencia se produjo un cambio cualitativo en el desarrollo de algunos tratamientos, en el que mi presencia a través de la pantalla se tornó imprescindible, homologable a la presencia de la madre en los primeros momentos de vida.

Hablamos de un momento en el que se hayan privilegiados sentimientos de amenaza e incertidumbre globalizada, que conectan al sujeto con algo parecido a la situación de desvalimiento inicial del infans, lo que altera inevitablemente algunos aspectos de su subjetividad.

Fenómeno interesante que vengo observando en esta "nueva clínica" ya que se trata de un tipo de demanda particular que va más allá del sostenimiento de una transferencia positiva. Entiendo que esto ancla en algo así como un "sentimiento de supervivencia afectiva", algo que deberemos investigar a posteriori, incluso para saber cuáles serán sus efectos a mediano plazo en el vínculo analítico.

Hace unos días una paciente a quien atiendo hace mucho tiempo y a la que podría definir como alguien muy independiente y exitosa, me llamó fuera de su horario de sesión desesperada porque su esposo que había adquirido el Covid hacia unos días, se sentía muy mal y no sabía qué hacer, si llamar a una ambulancia o ir a una guardia. Actitud que me resulto muy extraña, ya que es alguien que tiene familia y que en los años en que la vengo tratando jamás había tenido una demanda similar.

Es de esto de lo que hablo, acerca de los cambios sintomáticos que observo en este tiempo de confinamiento y de su impacto en el psiquismo.

Para ilustrarlo me pareció interesante incluir un relato de Freud acerca de una mujer que sintió la voz de un niño que se angustiaba en la oscuridad.[8]

---

[8] Freud. S (1925-1926) *Presentación autobiográfica Inhibición síntoma y angustia. ¿Pueden los legos ejercer el análisis?* Amorrortu editores

"Tía háblame...tengo miedo. A lo que ella le respondió...

¿"Pero de qué sirve que hable si no puedes verme"? y el niño respondió

"Hay más luz cuando alguien habla"...

Lo que nos hace reflexionar acerca de cómo es la voz lo que genera "luz", como es para un niño oír una voz lo que produce acompañamiento.[9]

Quizás parte de nuestra función analítica en estos tiempos sea generar esa luz necesaria para rescatar al psiquismo de la situación de "marasmo" que el confinamiento y la soledad disparan.

Duelo o nueva normalidad. ¿A que nos enfrentamos?

A lo largo de la vida el sujeto se haya expuesto a atravesar pérdidas como así también a enfrentar rupturas y finales.

Podríamos decir que estos procesos se constituyen en circunstancias ineludibles del ciclo vital. Algo casi inexorable por el solo hecho de existir.

Quizás la pregunta que se impone, es si tenemos que tratar este proceso que atravesamos utilizando las nociones que el concepto de duelo nos proporciona.

El duelo es por regla general la reacción frente a la pérdida de una persona amada o de una abstracción que haga a las veces, como la patria, la libertad o un ideal.[10]

Freud (1914/1916) trata el concepto en su obra en conjunción con la melancolía ya que los síntomas confluyen. Una fuerte desazón, una cancelación del interés por el mundo exterior, la perdida de la capacidad de amar, una

---

[9] Bleichmar S (2016) *"La construcción del sujeto ético"* El sentimiento de soledad. Editorial Paidos

[10] Freud S (1914/1916) OC Tomo XVI *"Duelo y melancolía. Contribución a la historia del movimiento psicoanalítico. Trabajos sobre metapsicología y otras obras* Amorrortu editores

inhibición de toda productividad, todos ellos, síntomas que aparecen frente a este proceso.

Sin embargo en otra parte de su obra, lo diferencia de la melancolía en dos cuestiones. El duelo no es para Freud un proceso patológico sino un desarrollo necesario frente a una pérdida y por otro lado, en el duelo no aparece como en la melancolía una rebaja del "sentimiento de sí".

La aparición de la pandemia que para casi todos nosotros surgió como un fenómeno novedoso, nos anotició casi brutalmente y de forma inesperada, que una forma de vida a la que estábamos acostumbrados había terminado abruptamente. Hábitos costumbres, proyectos y un modo de relacionarnos quedaron atrás. ¿Cómo procesarlo?

Casi como un consuelo surgió el concepto de "nueva normalidad", un término que genera una confusa esperanza aunque en el fondo no sabemos de qué trata y esto también produce angustia. Algunos sujetos lo enarbolan como la solución a esta situación de incertidumbre que lamentablemente no tiene aún un destino definido.

El Covid-19 ha colocado a la humanidad y a cada uno de nosotros en una situación a la que tendremos que adaptarnos. Aquello que era habitual, hoy ya no lo es. Hemos perdido lo que podría definirse como "normalidad" hasta en las cosas más simples.

Desde tener temor de ir a comprar al supermercado y por ello comprar todo"on line" a otras situaciones más importantes que tienen que ver con las relaciones afectivas o sociales.

Y en ese sentido podemos hablar de un duelo, aunque en un tiempo sea posible recuperar algunas cuestiones perdidas, esto sucedió y marcó un antes y un después.

Transitar este "duelo" quizás permita conectar con el principio de realidad aceptando el veredicto de lo real, para de ese modo, no quedar atados a lo que ya no es o ya no está.

Es probable que en esa línea puedan encontrarse nuevas vías orientadas a conseguir una mayor energía que apoye la capacidad de crear, de reinventarse.

Y en esta definición incluyo todas aquellas variables que fueron necesarias a la hora de adecuar nuestro trabajo a la realidad virtual, aunque muchos piensen que sin consultorio o sin diván no se puede psicoanalizar. También nosotros estamos duelando muchas de las cuestiones que nos constituían como analistas, aunque siempre sostenidos por el trípode, además de nuestro saber, experiencia, y condición de humanidad.

Consideraciones finales

En líneas generales podemos inferir a lo largo del desarrollo de este trabajo, que ciertas situaciones que se presentan de modo amenazante, pueden disparar condiciones de "fragilidad" yoica, hasta ahora desconocidas para un sujeto. Fragilidad que hoy combina con el temor a una "finitud anticipada", que bajo las siglas del Covid 19 nos advierten sobre un presagio que puede sentirse "aterrador".

Quizás la pregunta debería estar orientada más concretamente, a un tipo de abordaje eficiente que permitiera contener el desborde psíquico que la realidad actual impone.

En el concepto de "caso por caso" que menciono al principio de este trabajo nos encontramos con diferentes respuestas de nuestros pacientes. Estas se hallan ligadas al tipo de defensas desplegadas, que variarán según algunos aspectos estructurales.

Si lo que queda privilegiado es el reconocimiento de la castración, las defensas estarán orientadas a reprimir la pulsión. Si esto no sucede y la experiencia frente al virus conecta con la repetición de vivencias de tiempos primordiales que no se hallan ligadas a la representación palabra, huellas que se denominan "ingobernables" (Marucco 1995), la defensa será la desmentida y con ella como correlato observaremos una escisión del yo.[11]

En el primer caso estaríamos en términos generales frente a las denominadas neurosis clásicas. La tarea analítica en estos casos estaría orientada al develamiento del deseo. Su manifestación en el encuadre en tiempos normales, el paciente acostado en el diván, su posibilidad motora inhibida, casi anulado el polo perceptivo, condiciones todas al servicio del análisis de los significantes[12].

Estas condiciones frente al confinamiento resultan hoy imposibles, quizás la pregunta deba orientarse a rescatar nuestro trabajo a pesar de los cambios que la realidad externa nos impone.

Asociación libre y atención flotante son conceptos centrales acuñados por Freud, que inevitablemente deberemos rescatar en nuestro trabajo virtual.

Aún con aquellos pacientes en los que queda privilegiada la repetición y una tendencia natural a inclinarse a conductas mortíferas, resulta vital una "buena" escucha.

Se trata de casos en los que aparece una mayor tendencia al acto y a manifestaciones de tipo psicosomático y frente a esto la necesidad de utilizar nuestra "capacidad de reverie" al decir de Bion, de modo de prestar nuestra mente para otorgar significación y ligadura a lo que no puede expresarse en el discurso y hace síntoma.

Lo cierto es que frente a la pregunta acerca de la eficacia actual de nuestro quehacer, teniendo en cuenta que no queda otra posibilidad que mantener el dispositivo virtual, es importante sostener algunas consideraciones.

En primera instancia no quedarnos adheridos al con-

---

[11] Marucco N. (1998) "Cura analítica y transferencia" De la represión a la desmentida" Amorrortu Editores

[12] Ibíd. Pág. 284

cepto certero de que estamos frente a una situación traumática per se, sino a un fenómeno disruptivo que como tal debe ser abordado y analizado en el caso por caso.

Resulta muy importante a mi criterio el sostener una actitud empática con los pacientes, que no vulnere los conceptos de neutralidad y abstinencia. Su presencia permite mantener la asimetría en el vínculo analítico, necesario para que éste subsista como tal.

Es obvio que se producen cambios que nos inclinan a cierta elasticidad en la técnica, sobre todo aquellos ligados al tema de la intimidad.

Muchas veces se hace difícil la aceptación de los "nuevos espacios" que se comparten necesariamente en el desarrollo de los encuentros virtuales y dejar de lado el consultorio que hasta ese momento funcionó como el espacio analítico privilegiado de la dupla.

Ruidos extraños, intervenciones familiares en el hogar de algunos pacientes y mucha curiosidad se incluyen fantasmáticamente en la sesión alterando las condiciones de intimidad. En todos los casos será fundamental rescatar el concepto de "encuadre interno del analista" acuñado maravillosamente por A. Green.

Frente a esta nueva realidad, quizás sea importante pensar en "la transferencia" al modo de un ansiolítico que calme la ansiedad y la angustia frente a un futuro que todavía resulta incierto y por momentos asusta.

Con este tipo de intervenciones podría lograrse a través del trabajo analítico que el sujeto pudiera alejarse de situaciones que resignifiquen el desamparo inicial. De ese modo parte de la función analítica estaría en la línea de posibilitar la creación de un refugio que permita controlar posibles desbordes, con el consiguiente riesgo de que se instale un proceso depresivo.

Incluyendo también la generación de ligadura que rescate los aspectos subjetivos que permitan desarrollar la capacidad de crear, de reinventarse, para sostener el proyecto de un futuro posible

De esto, en resumidas cuentas, se trata parte de nuestro trabajo que incluye también el compartir con pares nuestros interrogantes y dudas. Posibilitando de este modo el hacerle frente a un fenómeno que resulta nuevo y complejo, para el que lamentablemente no encontramos todavía un camino del todo claro.

Bibliografía

Benyacar Mordechai (2007) *"Lo disruptivo" Amenazas individuales y colectivas*. Editorial Biblos

Bleichmar S (2016) *"La construcción del sujeto ético" El sentimiento de soledad*. Editorial Paidós

Freud S (1914/1916) OC Tomo XVI *"Duelo y melancolía. Contribución a la historia del movimiento psicoanalítico. Trabajos sobre metapsicología y otras obras*. Amorrortu editores

Freud S (1920- 1922) OC Tomo XVIII *"Más allá del principio de placer". Psicología de las masas y análisis del yo y otras obras*. Amorrortu editores

Freud. S (1925-1926) OC Tomo XX *Presentación autobiográfica. Inhibición síntoma y angustia. ¿Pueden los legos ejercer el análisis?* Amorrortu editores

Klein Melanie (1963) *Obras Completas "Envidia y Gratitud" "Sobre el sentimiento de soledad"*. Editorial Paidós

Koval de Eliaschev. S. (2003) *Trauma psíquico- Neurosis traumática-"Acerca de las intervenciones en crisis"*. Art. publicado en Revista Trópicos. Sociedad Psicoanalítica de Caracas

Marucco N. (1998) *"Cura analítica y transferencia" De la represión a la desmentida"* Amorrortu Editores

Winnicott DW (1958) *"Los procesos de maduración y el ambiente facilitador". Estudios para una teoría del desarrollo emocional. La capacidad para estar solo*. Editorial Paidós

Lic. Silvia Koval de Eliaschev

Lic. en Psicología. Psicoanalista
Maestría en Problemas y Patologías del desvalimiento. UCES. (2007)
Miembro adherente de la Asociación Psicoanalítica Argentina (2012)
Miembro de la "Federación Psicoanalítica de América Latina "Fepal" y de la "International Psycho-Analytical Association" (2012)
Supervisora externa del Postgrado de la carrera de Psicología de la Universidad Central de Venezuela. (2002/2006)
Directora del departamento de Psicopatología "Centro Medico Solano" Caracas, Venezuela (2000/2007)
Actualmente trabaja en atención privada de adolescentes, adultos y parejas
Email: koval.silvia@gmail.com

Psicoterapia online, una ayuda presente con miras a un futuro

Roberto M. Goldstein
Barcelona 2020

*"Se impone el desafío
ético de reinventar lo
conocido, pero desde la
creación de nuevas originalidades"*

Mempo Giardinelli

Al decretar el Gobierno del Estado Español estado de alarma y el consiguiente confinamiento debido a la CO-VID 19, en tanto psicoanalista, se me planteó un dilema; -no creo haber sido el único psicoanalista en haber tenido que pasar esta prueba-.

Había que encontrar una salida para esta situación tan nueva, tanto para mis pacientes como para mí, ya que tenía prohibido recibir pacientes en mi consulta por tiempo indefinido.

Más allá de esta prohibición, era obvio que tenía que cuidarlos y cuidarme de un posible contagio.

Existía la posibilidad de seguir con el trabajo on line, con el cual tenía experiencia desde comienzos de este siglo XXI. Lo venía practicando, trasladando mi consulta a los cinco continentes, literalmente y, llevando mi consulta conmigo a los lugares donde viajaba como por ejemplo, de Budapest a Buenos Aires, de Barcelona a Pernambuco entre otros lugares.

Estos eran urgencias o continuación de tratamientos

de pacientes que viajaban por razones laborales o cambiaban de ciudad, eran situaciones puntuales.

Se presentaba la coyuntura de ofrecer a mis pacientes esta salida, ya que la atención presencial no era posible. Pero tenía mis dudas de si iba ha ser aceptada en algunos casos sin saber la duración del tiempo del confinamiento y quién la iba a aceptar.

Tenía, como consigné anteriormente, experiencia en ello, pero con miembros de la generación de nativos digitales -los nacidos en la era digital, a partir de 1980-, la duda se me presentaba con los llamados inmigrantes digitales, que han adquirido la familiaridad con los sistemas digitales como adultos.

Tras una semana de incertidumbre, comencé a ofrecer esta posibilidad, podría decir que alrededor de un veinte por ciento no aceptó, ya sea porque así encontraron una excusa para poner en acto sus resistencias o porque esta dinámica no entraba en sus parámetros mentales.

La experiencia con los nativos digitales era interesante: no tenían ningún problema en que yo entre en sus casas e incluso alguno me hizo dar un paseo por la misma. Observe que su postura física, en general no era similar a la que adoptaban cuando el tratamiento era presencial. Me llamó la atención también el descuido personal tanto en hombres como en mujeres, el ejemplo más claro eran las mujeres: se mostraban menos arregladas, más desenfadadas en su postura corporal, mi impresión era que transferencialmente podían sentirme como alguien de la familia, viviendo en su casa.

A los nativos digitales una vez levantado el confinamiento, les costó volver a mi consulta, no todos han vuelto siguen on line y otros alternan.

Me asombró el hecho que, a algunos pacientes inmigrantes digitales, que en un principio mostraron ciertas reticencias a la continuidad digital de su terapia, sorprendentemente se mostraron reticentes a retomarla de manera presencial.

En relación con la situación transferencial, no percibí en la modalidad online, alguna alteración de esta en líneas generales. El encuadre se respetaba, por un lado, había más puntualidad que de costumbre, pero lo que sí cambió es que no todos tomaban la iniciativa de comenzar la sesión como lo hacían cuando venían a mi consulta presencial, sino que algunos esperaban que yo les envíe un mensaje diciendo que podíamos empezar.

En lo referente a la duración, las sesiones se hacían más largas, percibía una necesidad de seguir pegados a mi, sentirse cuidados, una actitud regresiva, quizás debido a la situación de incertidumbre y desprotección debidas al impacto de la pandemia.

Intenté e intento dar las sesiones desde el mismo sitio donde me instalo para impartirlas presencialmente, siempre con auriculares para que el paciente tenga una sensación de privacidad e intimidad.

En cuanto a los sentimientos contra transferenciales, mi percepción es sentirme más cansado que en el trabajo presencial, quizá debido al sentimiento de que el paciente puede esperar más de mí, sentirme más tiempo observado, y a veces incomodado.

Estas incomodidades han ocurrido cuando deciden presentarme a algún miembro de su familia, generalmente a su pareja o cuando el paciente intenta buscar durante la sesión un sitio donde tener mayor privacidad como una habitación apartada donde pueden sentirse no vistos ni escuchados o como el coche,

Otras incomodidades que me sucedieron estuvieron relacionadas con la disminución de la voz hasta el punto de susurrar por temor a ser escuchados por algún miembro de su familia, o alguien con quien conviven, o traer a la sesión la compañía de una mascota, aunque esto suele ser más simpático.

Viñetas clínicas

Quiero ilustrar este artículo con unas viñetas clínicas de tres pacientes que jamás han tenido experiencias online, no son nativos digitales y salvo conmigo no habían tenido experiencias psicoterapéuticas.

Tony

Tony de 48 años, quien lleva varios años de análisis aceptó e incorporó rápidamente el tratamiento online, pero ¿cómo?

Me propuso hacerlo telefónicamente: él se recostaba en su cama y esperaba que al mismo tiempo yo estuviera sentado en mi sillón, respetando las horas convenidas previamente, en este caso las sesiones no se alargaban. Quería seguir su terapia y cuidarla, reproduciendo en lo posible el encuadre. Sus rasgos obsesivos no dejaban de ser útiles.

Jaime

Jaime tiene 50 años, está en un proceso psicoterapéutico conmigo sin experiencias terapéuticas previas.

Consultó en relación a una situación altamente conflictiva con su mujer, que no encontraba manera de resolver.

Estaba lejos de conocer lo que es una terapia y menos aún lo que es el psicoanálisis, siendo un hombre inteligente e introspectivo, entendió que tenía que cuestionarse ciertas cosas referidas a su personalidad, pasando de tener consultas puntuales a iniciar un proceso terapéutico.

Cuando le propuse continuar su terapia on line, necesitó darse un par de semanas para aceptarlo, en este caso el tratamiento era a través de video llamada.

Él se ubicaba preferentemente en el balcón de su piso recientemente estrenado, ya que terminó separándose de su mujer.

Hoy en día alterna sesiones presenciales con sesiones on line. En este caso deje que él me proponga como desea hacerlo, dependiendo de si está con sus hijos, trabajo, etc.

Ángeles

Ángeles de 76 años, hace 2 años que retomó su terapia, después de 10 años de haber terminado una primera experiencia psicoanalítica conmigo.

Ella sufre un estado de depresión ansiosa recurrente, le cuesta mucho trasladarse a mi consulta, no solo porque vive en el extrarradio, sino también porque se pierde conduciendo al entrar en la ciudad, por ello y por la dependencia marcada que tiene conmigo, acepta gustosamente sostener la continuidad de las sesiones `por Skype, aunque sus conocimientos de este sistema son menos que básicos.

Las primeras sesiones resultaron ser muy difíciles, debido a su ineficiente manejo de la técnica, más que terapia tenia que acercarle conocimientos básicos de informática, algo que llegaba a irritarme.

Le recomendé un informático para que la ayude, acepté, y poco a poco pudimos llevar el tratamiento con normalidad, al punto que se ha convertido en una forofa de esta modalidad.

Esta situación dio pie a que podamos trabajar conflictivas no resueltas, que eran hasta entonces puntos ciegos en su terapia. Por ejemplo, el porque se perdía al venir a la sesión y porque llegaba tarde.

En relación con estas viñetas y a lo expuesto anteriormente, sostengo que, si existe un deseo profundo de un paciente para continuar su terapia y si no hay resistencias del analista para aceptar un medio alternativo al tradicional, se deben y pueden encontrar los medios para hacerlo.

Subrayo esto último porque hay colegas que se resisten a encarar otro tipo de enfoque que no sea el presencial tradicional.

Cada época histórica tiene paradigmas que la definen y en las que se apoya. Pienso que en esta época digital lo más adecuado y útil para nuestra tarea, es reconocer y aprovechar todo lo posible los avances que la tecnología actual nos brinda, para seguir desarrollándola.

"...La solución frente a determinados problemas que se presentan en un proceso terapéutico, si hay una buena relación en el campo transferencial, puede venir de cualquiera de los dos miembros de la pareja terapéutica: es muy importante la capacidad de escucha por parte del terapeuta, su arte y su información respecto al momento cultural que le está tocando vivir...." (Goldstein R.M. 2016)

Según el psicoanalista francés André Green:

"Podría ser que los historiadores del psicoanálisis marcaran el final de los años 1000 y el principio de los 2000 señalando en nuestra disciplina lo que yo propongo llamar el momento crucial del milenio. Actualmente, cuando hay quienes esperan con impaciencia la muerte del psicoanálisis, por mi parte, yo vería la señal de una renovación, el franqueamiento de una etapa que la haría salir de la peligrosa encrucijada en que se encuentra." "Lo que me gustaría señalar aquí el fin de un reinado (se refiere al del diván). Después de haber sido de una utilidad incontestable" "abogaré aquí por la defensa de un encuadre interno, fundador de identidad psicoanalítica, verdadero objeto interno en la practica analítica, el cual dependiendo de las singularidades de los pacientes, de las estructuras clínicas aprehendidas y de las circunstancias de viabilidad, lleva a elegir dis-

positivos adaptados al estado del paciente para garantizar a la función analítica unas condiciones de ejercicio óptimas y unas razonables posibilidades de éxito". (Unidad y diversidad de la práctica psicoanalítica, 2011).

Terminaré este artículo. citando textualmente las últimas frases del libro de Jorge Schvarztman, *"Tenemos internet. Dios no ha muerto"* (2014): *"atravesaremos diferentes etapas culturales, tendremos diferentes ilusiones, nos fascinará lo virtual, pero esta sensibilidad, esa búsqueda de amor, de dar un sentido a una vida (aunque no lo tenga), de existir en conflicto y de seguir deseando es inmodificable. Es algo que nos pertenece, y no podemos vivir sin ella".*

Bibliografía

Giardinelli, Mempo. (2001) *Final de Novela en Patagonia*. Suma de Letras S.L. Madrid

Goldstein, Roberto M. (2016) *Evolución histórica de la técnica psicoanalítica. IX jornadas de Intercambio en Psicoanálisis*. Barcelona, 18 y 19 de noviembre de 2016

Green André (Dir.) (2011) *Unidad y diversidad de las prácticas del psicoanalista*. Ed. Biblioteca Nueva, S.L. Madrid

Schvarztman, Jorge. (2014) *Tenemos internet. Dios no ha muerto*. Psicolibro Ediciones. Buenos Aires

Dr. Roberto M. Goldstein

Médico, Psiquiatra, Psicoanalista
Presidente de la Asociación Europea de Historia del Psicoanálisis.
Full Member of the International Psycho-Analytical Association.
Miembro titular en función didáctica de la Asociación Psicoanalítica Argentina.
Miembro del departamento de Historia del Psicoanálisis de la Asociación Psicoanalítica Argentina.
Analista invitado de la APM y SEP.
Ancien Vice-Président à l'étranger de l'Association Internationale d'Histoire de la Psychanalyse.
Artículos sobre migración, técnica psicoanalítica, psicoanálisis y cultura, publicados en Argentina, España, Francia, Israel y USA.
Conferencias y participación en mesas redondas en Argentina, España, Francia, Italia e Israel.

E mail: 30272rmg@comb.cat

Un pequeño ejercicio imaginando nuestro futuro virtual

Jorge Schvartzman

Voy a desarrollar este capítulo tratando de plantear mis inquietudes, dudas, algunos cuestionamientos e imaginando un futuro desde la perspectiva actual.

Nos encontramos en el año de la Pandemia (2020) con casi todo el mundo recluido en sus hogares, asustado por algo invisible que algún semejante nos puede transmitir.

Donde el otro, conocido o desconocido, pasa a ser un enemigo del que hay que cuidarse.

Año de la angustia, del miedo, de una paranoia con su justificación en la realidad, en que muchas de las patologías preexistentes se potencian por la actual situación.

Mientras estoy escribiendo esto me pregunto cómo dentro de algunos años recordaremos esta época y que vigencia tendrán las hipótesis que iré planteando.

Considero que va a ser muy interesante volver a leerlas, ya alejados de la pandemia (así lo espero) sobre todo para poder recordar y analizar como vivíamos en estos momentos.

Donde, por más increíble que parezca, muchas de las patologías psicológicas graves, algunas de ellas delirantes por obra y arte del virus peligroso, se serenan.

Hay razones que lo explican

El peligro se concentra en el afuera. Esas personalidades remiten concentrándose en la realidad compartida persecutoria. El mundo está unificado por el miedo.

Y otras personalidades que vemos en nuestros consultorios envueltas en una soledad intolerable o en convivencia imposible estallan.

Así que tenemos que lidiar con situaciones que ponen a prueba nuestros conocimientos y nos exigen usar toda nuestra experiencia y la creatividad.

Año 2020, donde los psicoanalistas empezamos a atender a casi todos nuestros pacientes de manera virtual. No lo hicimos como fruto de una elaboración del pensamiento, de cuestiones técnicas y de cambios sociales sino que fue porque no quedaba otro recurso para seguir trabajando que éste. Y en ese sentido hay una cuestión que hay que dejar aclarada; este pasaje de lo presencial a lo digital fue efectuado por la imposibilidad de seguir trabajando como lo hacíamos habitualmente.

Esta fue abrupta, repentina, urgida por la necesidad, no fruto de una evolución natural ni de una teoría y una técnica que lo sustenta.

Casi dejamos de ir a nuestros consultorios, en mi caso atendiendo pocos pacientes de manera presencial, sobre todo trabajando en mi casa, muy cerca del modem, rogando tener buena señal para evitar interferencias.

Nos tuvimos que ubicar rápidamente, empezamos a trabajar, creo que aprendimos mucho y a esta altura (ya pasados unos meses, estamos en setiembre del 2020) ya podemos plantearnos algunas reflexiones.

En principio considero que la atención terapéutica online llegó para quedarse para muchas personas.

Por motivos de comodidad, distancia, estilos de personalidad, inclusive por actitudes defensivas (lo presencial coloca al paciente en un lugar de mayor exposición) donde muchas personas elegirán una terapia virtual.

Inclusive con los nuevos avances técnicos estoy seguro que dentro de pocos años la comunicación digital seguramente no va a ser con figuras planas detrás de un cristal, algo que es un tercero que separa, aleja, sino que se transformarán en representaciones del interlocutor en tres dimensiones (3 D) fuera de la pantalla acercándose a lo que puede ser el contacto humano personal ya que las figuras tendrán corporeidad.

Esto es algo que ya se realiza de manera experimental.

Lo más aproximado a un contacto presencial y sin salir de la casa.

Esto no es ciencia-ficción, es el avance de la tecnología.

Imaginen los lectores lo que esto va a representar en todas las relaciones humanas.

Pero volviendo a mi experiencia, vale la pena comentar que hasta este momento he estado atendiendo pacientes de manera virtual desde hace bastante tiempo, pero dentro de determinadas condiciones.

Muchos de ellos tuvieron conmigo una terapia tradicional, cara a cara o con el uso del diván que por algún motivo se fueron a radicar a otro país y pidieron la continuidad de su tratamiento.

Personas a las que he conocido, con las que hemos trabajado durante un tiempo, con los cuales se ha establecido una fuerte transferencia.

Con muchos de ellos con un periódico contacto personal gracias a algún viaje de regreso a la Argentina.

Y en esas circunstancias pude apreciar las diferencias entre estos encuentros virtuales y personales, pero en estos casos siempre sostenido por una transferencia generada por los primeros encuentros y los periódicos reencuentros.

Ahora atendemos a casi todos nuestros pacientes de manera online que por la pandemia dejaron de concurrir al consultorio e inclusive comenzamos con algunos de ellos una nueva terapia sin llegar a conocerlo de manera presencial.

¿Que podemos decir de este momento?

¿Qué interrogantes nos surgen, elaborando algunas hipótesis que serán afirmadas o cuestionadas con el paso del tiempo?

Uno de los temas que me surgen es la calidad del silencio que se produce en un tratamiento presencial y otro online.

Sabemos que la capacidad de un psicoanalista tiene mucho que ver con la enunciación de sus interpretaciones, con su contenido, con su percepción de los contenidos inconscientes de su paciente. Mucho podemos decir de sus palabras pero también acerca del valor de sus silencios y los de su analizando.

Del saber escuchar sin exigencias, de dejar que se vayan formando en su propio inconsciente las interpretaciones y decirlas cuando llega el momento indicado.

Con la fina percepción que el paciente está en ese momento tan particular donde es capaz de recibir afectivamente la interpretación.

Algo tan propio del ser analista donde se conjuga conocimiento, experiencia, contacto con su propio inconsciente y el del paciente todo con un condimento que podríamos llegar a llamar intuición.

Ahí radica el arte de ser analista.

Saber escuchar, tomarse su tiempo dejando que aparezcan las interpretaciones y saber cuando decir.

En ese sentido he notado en una buena cantidad de supervisiones que los psicoanalistas hablan mucho más en las sesiones online que en la presenciales.

Qué los silencios son casi inexistentes, rápidamente se llenan con palabras.

Palabras del paciente y del analista.

Sabemos que los silencios son algo precioso para el analista.

Con su experiencia puede percibir si es un silencio de

elaboración, de angustia, de distancia, de desinterés u otros.

En el análisis online, por lo menos hasta ahora, quizá por el medio técnico empleado o por falta de experiencia el analista no puede discriminar claramente de que calidad de los silencios se trata.

Hasta puede llegar a pensar, en las sesiones telefónicas, que se cortó la comunicación.

Hay datos que solo lo registramos en presencia.

La presencia física en un ámbito propio facilita la percepción de algo muy difícil de describir que es el encuentro profundo, emocional, que se convierte en una brújula necesaria para nuestra intuición.

Así pienso que esto, su carencia de esta brújula, le provoca al terapeuta un grado de angustia que necesita llenarlo con palabras.

Algo, que para mi gusto, se torna en resistencia no del paciente, sí del analista.

Entonces ya encontramos una primera dificultad, que quizá con un mayor entrenamiento se pueda superar.

Quizá nuestra mente, tan elástica, desarrolle nuevas antenas en la medida que tengamos más experiencias online.

Las interferencias tecnológicas; éste es un capítulo aparte.

La imagen que se pixela, la conexión que se corta, el wifi que no anda.

El llamado en el celular que recibe nuestro paciente que aparece en su pantalla que lo lleva inevitablemente a tener que mirarla y lo dispersa.

Quizá pueda entrar dentro de una asociación libre pero generalmente provoca distancia o una interrupción no bienvenida en la sesión.

Las notificaciones que recibimos en nuestros celulares a las que también las terminamos mirando.

Antes pedíamos al paciente que no fume en sesión, después que apagara su celular.

Ahora es el medio de contacto.

Vamos seguramente a acostumbrarnos a pedir a nuestros pacientes y hacerlo nosotros mismos como rutina a desactivar las notificaciones.

Algo que por ahora no hacemos.

Quizá tengamos que enseñarle a Siri o a Google Assistant que reconozca que estamos en sesión y lo haga por nosotros.

Voy a comentar unas viñetas clínicas actuales para mostrar las sorpresas que nos llevamos cada día de trabajo.

Nos empezamos a asombrar cuando entramos en las casa de nuestros pacientes, los vemos cómo viven y a veces como interaccionan con sus familias.

En qué posición física se ubican y lo que nos muestran de su entorno.

En sus autos, en el baño o en la terraza. Todo lugar es válido mientras se trata de preservar la intimidad.

Catalina

Catalina es una paciente de muchos años de análisis, que hizo, desde mi perspectiva, un exitoso proceso terapéutico.

Miembro de una familia disfuncional tuvo un padre maltratador con tendencias sádicas, madre incapaz de defender a sus hijos de los maltratos paternos y un hermano menor con una personalidad borderline que padeció y padece frecuentes desorganizaciones psíquicas.

Catalina desde muy pequeña se preguntaba con angustia si el destino de ella iba a ser igual o diferente al de su familia.

Comienza su proceso psicoanalítico hace unos 20 años

denotando una personalidad insegura, sin rumbo, llena de angustia y temores.

A pesar de tener importantes capacidades personales muchos de sus proyectos caen en el vacío, terminando habitualmente muy frustrada.

Establece rápidamente una fuerte alianza terapéutica donde trabaja con tesón e interés deseando indagar sobre sí misma.

Siempre mostró un profundo interés por el desarrollo de su análisis.

En su largo proceso terapéutico llega a tener varias parejas, se hace cargo de una empresa familiar a la que dedica grandes esfuerzos logrando hacerla crecer.

Después de muchas desilusiones amorosas hace unos pocos años llega a consolidar una pareja satisfactoria con la cual tiene dos hijas pequeñas.

En una de sus últimas sesiones online asocia con sus dificultades en su vida, sus esfuerzos para diferenciarse de su familia y recuerda su fantasía y temores infantiles donde se preguntaba si iba a llegar alguna vez a ser feliz.

En ese momento se abre la puerta de la habitación y aparece su hija más grande para preguntarle algo.

Catalina le explica que está ocupada y lleva a la hija fuera de la habitación.

Se sienta frente a la cámara y estalla en llanto.

Un llanto que es una mezcla de dolor y felicidad.

Tengo que reconocer que yo también quedé embargado por la emoción.

No hizo falta ningún comentario mío.

Esa hija que apareció, tan inesperadamente, era la prueba para ella que pudo lograr desarrollar un camino propio, disfrutar de su vida y diferenciarse de su familia.

En lugar de esta situación, en una sesión habitual, jamás una interpretación mía hubiera logrado un impacto emocional tan profundo como esa entrada maravillosa en la sesión.

Fue una hermosa sorpresa muy presente para Catalina en las siguientes sesiones.

Sandra

Profesional, exitosa, con un estilo hipomaníaco en todos los campos de su vida, consulta porque quiere vivir más tranquila desde lo laboral y resolver su situación de pareja.

Refiere maltratos mutuos y la imposibilidad de estar bien juntos y también la de separarse.

En una sesión de Sandra de pronto se abre la puerta violentamente entra el marido y grita: *"¡sos una estúpida!"*.

Se acerca a la cámara me mira y me dice que Sandra me cuente que le hizo.

Le vuelve a decir que es una boluda y se va.

Sandra me cuenta, y lo hace tranquilamente, como si fuera un suceso de lo más común, que se olvidó de hacer una transferencia bancaria algo que el marido necesitaba para su trabajo.

En vivo en directo veo el maltrato mutuo que esta pareja se provoca entre ellos.

Pero no solamente eso, también percibo un estilo crónico que se ha convertido en una manera de vida a lo que la pareja se ha acostumbrado.

Donde también puedo inferir no solo el sufrimiento sino sobre todo el placer oculto que les depara esa forma de vida.

A partir de ahí percibí el goce que la situación de pareja le reportaba a los dos.

En realidad, ninguno deseaba resolver algo que de manera manifiesta se mostraba como maltrato.

Otra viñeta referida por un colega

Paciente joven teniendo sesiones por celular sin video por pedido del paciente.

El analista oye en medio de una sesión el tecleo de una computadora.

Éste pregunta que está haciendo y el paciente reconoce, con cierta incomodidad, que mientras tenía su sesión estaba contestando un mail.

¿Multitasking o superficialidad?

Es cierto que la gente más joven está acostumbrada al multitasking con el celular o la computadora donde realizan muchas cosas al mismo tiempo.

Pero mi inquietud es a qué nivel de profundidad, de asociación libre, de contacto emocional, llega una persona que se comunica de esa manera con su analista.

Por supuesto que lo podemos tomar como una resistencia y seguramente fue analizado de esa manera. Pero si el analista no se hubiera percatado de la situación, esa terapia hubiera seguido de la misma manera.

¿Cuánto interés, cuánto compromiso afectivo puede tener un paciente donde parte de su cabeza está ocupada en la confección de un mail e inclusive el analista ni se entera?

Hasta puedo pensar en un tratamiento realizado de esa manera con un analista que jamás llega a registrar el lugar donde se pone afectivamente el paciente en relación con su análisis.

¿Disociación, distancia emocional, colocar al analista en una situación de exclusión?

Podemos encontrar múltiples explicaciones, el problema es si el analista llega a enterarse o a percibir esas defensas.

Quizá también es la única manera que esa persona puede abordar el encuentro con un analista.

Estoy relatando algunas de las dificultades y carencias que trae una terapia online sobre la presencial pero también es cierto que se abre un nuevo campo de trabajo en la manera de tratar a nuestros pacientes.

Seguramente tendremos que replantearnos nuevas cuestiones técnicas e ingeniarnos en aprovechar las ventajas que representa entrar a la casa de ellos.

Verlos en sus ámbitos, vestidos de manera más informal, ubicándose en posiciones insólitas, en la cama, caminando, en su auto, manteniendo algún diálogo con un familiar.

Tenemos que pensar como todas estas variables las vamos o no a incorporar en nuestro conocimiento y trabajarlo con los pacientes.

Nos encaminamos a un nuevo desafío, dolorosamente por la pandemia, pero atractivo porque nos obliga a pensar e inventar frente a lo que creíamos inamovible y permanente salvo algunas excepciones.

Hay unas muchísimas cuestiones prácticas que están surgiendo que nos van a llevar a reflexionar acerca de cuestiones teóricas y técnicas que seguramente nos iremos replanteando.

Por último, me va resultar interesante revisar en unos años las diferentes inquietudes e interrogantes que en este capítulo he ido desarrollando.

Seguramente me llevaré muchas sorpresas.

Las predicciones acerca del futuro se ha demostrado que habitualmente fracasan.

Hay demasiadas variables en juego.

Igual necesitamos imaginar un futuro, siempre es un hermoso trabajo creativo y estimulante.

Así que bienvenido!!!

Quizá la cuestión fundamental no sea acertar acerca de lo que va a suceder más adelante, sino jugar con la imaginación al mismo tiempo que nos lleva a cuestionar, poner en barbecho nuestras propias teorías, nuestra práctica cotidiana y dejar que nuestra mente siga trabajando.

Creo que ésta es una manera de ser fiel al Pensamiento Psicoanalítico.

Bibliografía

Freud, S (1932) "El Malestar en la Cultura" Ed. Biblioteca Nueva
Schvarztman, Jorge. (2014) Tenemos internet. Dios no ha muerto.
  Psicolibro Ediciones. Buenos Aires.

Dr. Jorge Schvartzman

Médico, Psicoanalista y Psiquiatra
Artista plástico
Miembro Titular de la Asociación Psicoanalítica Argentina (APA).
Ex coordinador de la Comisión de Amigos de APA y ex coordinador
de la Comisión de Cultura de APA.
Profesor del Instituto de formación y del Centro de Estudios de APA
Autor de numerosos trabajos acerca de la intersección entre el
Psicoanálisis y la Cultura.
Fue Director de Redacción de la revista de Psicoanálisis y Cultura.
"Otra Mirada."
Coautor del libro" Una travesía por la fábrica de sueños- intersec-
ciones entre cine y psicoanálisis" Editorial Letra Viva. 2012
Autor del libro" Tenemos Internet, Dios no ha muerto" "Las nuevas
tecnologías desde la mirada de un psicoanalista" Editorial Psicoli-
bro. 2014.

E-mail: jhsch2000@gmail.com

Las singularidades actuales: del método psicoanalítico al efecto pandémico

Héctor Edgardo Manzotti

"...es un hecho cierto que hoy el psicoanálisis parece singularizarse sobre todo por sus divergencias, que brotan de distintas concepciones acerca de la mente pero que también se explican por la diversidad de tradiciones culturales..."
André Green

A modo de introducción será útil cierto tipo de aclaración acerca del título de singularidades actuales. Es bien conocido el significado en Freud del concepto de neurosis actuales, me referiré a él solamente en parte o tangencialmente, pues me interesa la cuestión de las singularidades del año 2020 en su carácter pandémico, que ha llenado de angustia a tantas personas. Importa destacar que no ha sido así para todos, en efecto, cabe tener en cuenta no solo la diferencia cualitativa entre angustia y miedo si no, también su componente cuantitativo para comprender mejor las consiguientes diferencias, en el tratamiento de esta condición existencial y actual en cada individuo, desde la desesperación a la esperanza, tanto en los grados más moderados como los más intensos o excesivos.

En la praxis médica como la psicológica los agentes de salud mental nos hemos encontrado con un incremento de todo tipo de síntomas. Debimos ocuparnos de la diversidad y variedad de los malestares y ofrecer respuesta adecuada a los desafíos planteados por los efectos pandémicos en la atención psicoterapéutica,

La respuesta de la sociedad también ha oscilado entre conductas más o menos adecuadas, en el plano social ocurrió desde una aplicación de recursos y medios al encuentro de curas y soluciones hasta muestras de desidia y descuidos. En nuestro país, y también en muchos otros, se fueron sucediendo etapas oscilantes entre dinámicas psicosociales, como diría Freud, más adecuadas a su fin y al principio de realidad y por lo contrario, otras donde se ha disparado con total efecto de desligazón libidinal y actitudes maniacas de negación y *actual* neurosis en el sentido de lo traumático.

Así es como desde vastos sectores de la cultura se ha intentado responder a la actual situación con diversos grados como en toda comunidad de mayor o menor éxito, en el particular caso del psicoanálisis esta actualidad ha tenido como resultado, por ejemplo que el aislamiento físico haya promovido una explosión en la utilización de los medios de telecomunicación ya sea audio o video.

De singularidades y actualidades neuróticas.

La singularidad humana se define por el sentimiento de individualidad. En la antropología y psicología se usa el concepto de singularidad emocional, se refiere a la importancia de que cada ser humano tome conciencia de su construcción relacional singular, con respecto a las asociaciones entre sus experiencias y sentimientos, para el propio crecimiento personal. Es, entonces, momento de poner en acción instrumentos con los que investigar lo singular del encuentro en el psicoanálisis, no sólo lo singular sino también las peculiaridades como ya nos advertía Freud en *Sobre Psicoterapia* en 1904:

1- La singularidad del método psicoanalítico (entre la asociación libre y la atención parejamente flotante).

2- Las singularidades del analizando y del analista (cada uno con su persona, su carácter, su modalidad).

3- La singularidad de la pareja analítica (nociones de campo, par transferencia, contratransferencia y el proceso psicoanalítico).

4- La singularidad del "encuentro".

Evolución hacia la cura

Estas cuatro singularidades establecen un punto de confluencia que justamente es la trama de lo singular en el encuentro entre dos personas, analizante y analista, en el que se desarrollará un campo con su propia estructura y dinámica. A partir de la constitución de ese campo devendrá la posibilidad de un proceso psicoanalítico que como sabemos podrá dar lugar a "otro" encuentro. Este será entre el consciente y el inconsciente del sujeto, con sus diversas dinámicas y lógicas. En este punto podrá suceder una alianza entre la necesidad del paciente y su deseo y el "deseo del analista" (Lacan), de instalarse el proceso, no podrá ser sin la concurrencia de dos socios: la asociación libre y la atención parejamente flotante. Estarán dadas entonces, las condiciones para que comiencen a surgir las dificultades y resistencias del inconsciente en el tratamiento, él mismo como fuente del no saber y también del saber; saber del inconsciente- saber inconsciente que nos remite al sentido de lo desconocido pero propio, así el inconsciente nos desvela desde lo velado por la represión primaria y lo ancestral, y tantas veces la posición del analista puede quedar dificultada para la atención parejamente flotante; es el punto de partida, si no se resuelve haciéndolo consciente, para que, por ejemplo suceda lo que decía una supervisada ..." -*esta sesión...en ese momento se me corto y me empecé a confundir, no era ya libre, no podía sentirme libre"...,* haciendo alusión a su división para escuchar el discurso de un paciente alteradísimo y su malestar y angustia por cierta inexperiencia y juventud. Tantos elementos intervienen en una situación así, el analizando con sus características personales y psicopatológicas, del mismo modo el analista con su salud mental y toda su persona, el desarrollo de su vocación, su intuición, su talento y su grado de libertad, todo se pondrá en juego en ese encuentro y así comenzará otra de las singularidades en el psicoanálisis: la pareja psicoanalítica,

Madeleine y Willy Baranger y Jorge Mom, han tratado en profundidad la cuestión de lo que han dado en llamar la dialéctica del proceso y del no proceso en el año 1982. Un aporte extraordinario para la comprensión de los éxitos y fracasos del tratamiento psicoanalítico, esta segunda instancia siempre es posible a través del campo transferencial- contratransferencial y la resistencia del inconsciente, ambos componentes de la pareja pueden padecerlo, no sólo el paciente sino también el analista. La atención parejamente flotante puede actuar como faro con sus señales de advertencia, ¡cuidado cuando se pierde!

Luego de transitar por esta serie de singularidades al menos en forma sucinta trataré de referirme a cierta otra que, por cierto fue única en mi vida profesional y tuvo más de una consecuencia en mi modo de actuar y de devenir analista. Se trató de un cambio de enfoque en relación a una demanda de tratamiento, que tuvo efectos más que significativos en mi actividad profesional, generó una gran !libertad en concebir mi encuadre personal y mi ética en el psicoanálisis.

Hoy recordando conversaciones con colegas de aquella época, que cuestionaban frecuentemente el tratamiento de un paciente a distancia por teléfono, las considero fruto de resistencias tipo creencia primitiva infantil o ideología psicoanalítica. Aducían como un despropósito, tal metodología de trabajo sin fundamentación alguna, solamente eran opiniones en base al prejuicio: *¡eso no se hace!*

En esta actualidad pandémica son muchos los que han probado y comprobado que el psicoanálisis a distancia física opera y opera bien.

Una singularidad como he dicho del psicoanálisis hoy, como así también, singular, fue la experiencia que pasare a describir.

Hace más de 30 años que comencé a trabajar a larga distancia sin la presencia física, aunque es necesario aclarar que la ausencia no fue en ningún caso total, pues en relación a la presencia-ausencia debo manifestar que la voz, como portadora de palabra nunca deja de estar presente, no se trata de una virtualidad.

Lejos en el tiempo y en la geografía de Argentina, durante unos meses viaje a enseñar psicoanálisis en una ciudad del interior del país. Al poco tiempo una colega me solicitó consulta para su marido. Teniendo en cuenta mis viajes mensuales y considerando, sin muchos elementos, muy improbable se instalara un proceso con sólo una frecuencia mensual de muy pocos días no acepté, en principio. Después de dos o tres meses en los cuales me seguía resistiendo, a través de racionalizaciones que en realidad no tenían mucho sustento teórico ni práctico. Con la notable insistencia de la esposa del que sería posteriormente mi paciente, comencé a darme cuenta y pude tomar conciencia de mi inhibición frente a la sorpresa y a la situación nueva, con el rechazo consecuente y finalmente entendí de qué se trataba tal dificultad y resistencia. Con el correr del tiempo lo encontré finalmente conceptualizado por Green, estoy refiriéndome a la posición fóbica central que la pienso como uno de las dificultades más frecuentes en el ejercicio del Psicoanálisis.

En suma retornando al material terminé aceptando ver a esta persona este fue entonces el preámbulo del primer encuentro con Tomás al que se sucedieron otros en un cómodo y tranquilo lobby de un pequeño hotel provincial.

Volveré luego con el relato de esta viñeta pero quiero

referirme a el particular y traumático año que corre, con los efectos actuales de la pandemia, conocida por todos en Buenos Aires Argentina y el mundo: me interesa insistir no solamente en la actualidad neurótica en el sentido de las **actual** neurosis que también describió Freud sino la cuestión del encuadre y especialmente el encuadre interno del analista: Marian Alizade (2002), describe como el encuadre interno ocupa un lugar prioritario en todo trabajo clínico psicoanalítico, consiste en un conjunto de propiedades psíquicas qué interactúan como radares o antenas invisibles, el analista incorpora el encuadre interno gracias a su propio análisis, experiencia de vida y condiciones personales como ser talento clínico, salud mental y vocación analítica.

Este encuadre interno del analista necesariamente debería estar en íntima relación con la flexibilidad y plasticidad, tanto como la elasticidad, en su práctica clínica. Mientras estos elementos estén integrados y articulados en la personalidad y carácter del analista tanto más estará asegurada la atención parejamente flotante que nos indica Freud y todos los trabajos que nos legó sobre técnica analítica, con los posteriores aportes de Lacan sobre la ética del psicoanálisis y la importancia de André Green sobre todo en el pensamiento clínico y ese gran detalle de la posición fóbica central.

Retomando la viñeta con Tomás fuimos construyendo el encuadre con la tolerancia suficiente para que este se fuera instalando y así armando en el propio devenir de la trama un encuentro.

Las primeras entrevistas hechas en el ambiente físico ya relatado fueron absolutamente comunes y me refiero al común de cualquier entrevista hecha en un consultorio. También así fue con las tres primeras sesiones hechas en la semana siguiente en mi consultorio con un encuadre formal de tres sesiones en días consecutivos. La primera frente a frente y las siguientes en el diván a pedido del paciente; se volvió a su ciudad quedando establecido que hablaríamos dos veces a la semana por teléfono, cuando no viniera a Buenos Aires y que cuando fuese así haríamos dos sesiones en días consecutivos. Llegó el momento de la incerteza, ¿cómo serían nuestras sesiones a distancia?.

Recuerdo sobre todo la sorpresa muy placentera, en la primera sesión por teléfono al descubrir en su voz mediada por el aparato telefónico, los matices, las variaciones en la sonoridad, los timbres más metálicos cuando surgía algún tema doloroso, los silencios y sus distintos tipos, todo en la voz tenía más color, tanto frío como caliente, lejano y distante o vecino y cercano, el registro de tantas tonalidades era mayor que cuando el paciente estaba acostado en el diván de mi consultorio.

En *Sobre psicoterapia* Freud nos advierte: *"...ustedes habrán colegido que la cura analítica lleva consigo muchas peculiaridades que la alejan del ideal de una terapia..."*

Y nos podríamos preguntar qué ocurrió en el mundo psicoanalítico con estas ideas de Freud, respecto de la singularidad en el psicoanálisis que lo *alejan del ideal de una terapia.*

Mucho tiempo hubo de transcurrir hasta que a principio del 2020 una pandemia despertará del lecho de Procusto a los analistas y así hemos visto, a lo largo de este extraño año pandémico como fueron implementándose y adecuándose adaptaciones del encuadre, tanto en frecuencia como en estilos de trabajo y medios de comunicación. Este despertar de Procusto, alejó su significado de muerte y así fue surgiendo cada día, con más fuerza la diversidad de recursos poco utilizados ó transitados por los psicoanalistas y las instituciones más apegadas a los "standars" y/o estandartes, que a la singularidad del caso a caso. Retornando a la singularidad, en el caso que planteo con Tomás, reitero que el oído y la voz del paciente, junto a la escucha y el discurso, en especial en un proceso de apertura, que a cada momento se enriquecía, adquiriendo mayores matices y resultando en una especie de auto adiestramiento de ambas escuchas y sobre todo mi decir, "aprendiendo" en simultaneo a conciliar este proceso de descubrimiento con atención parejamente flotante.

En el curso de un análisis son muchas las veces que un analista puede perder o abandonar adrede la atención parejamente flotante en el devenir de la sesión, pero importa tener claro porque ocurre y mucho más cuando esa suspensión es inconsciente.

En ese momento en qué nos damos cuenta que algo se nos ha escapado que somos conscientes de que hemos ignorado o estamos ignorando algo, ahí debemos apelar a toda nuestra creatividad, a la escucha de lo nuevo y sobre todo de la necesidad de enfrentarnos con nuestra ignorancia como desafío y estímulo a la investigación, en una palabra nuestra pulsión epistemofílica.

En este sentido tomaré un párrafo que muy generosamente me acerco la licenciada Antonia Foti, tomado de Donald Meltzer:

"...la construcción de la interpretación debe alcanzar los distintos niveles metapsicológicos con relación a la situación transferencial pero esta formulación no siempre se alcanza..."

Para subsanar esta situación el autor propone un recurso al que denomina "exploración interpretativa", se trata de pensar con el paciente como rumiando desde una actitud de "ingenuidad lingüística" e "ingenuidad técnica" para compartir, con el paciente su pensamiento sin digerirlo, seducir, asustarlo, confundirlo, sino estimularlo para enriquecer su material, de modo que los procesos intuitivos inconscientes del paciente y del analista funcionen más ampliamente. Claro que, este pensamiento rumiante junto al paciente, parece implicar una menor asimetría, al menos no estar tan posicionado como, sujeto supuesto saber, a la vez que permite flexibilizar la tensión entre el timing en la interpretación y cierta imperiosidad de elegir cuál es la angustia que prevalece en el material inmediato.

El psicoanálisis y una singular asimetría: la pandemia

El psicoanálisis ha trabajado acerca de una Inevitable asimetría en cuanto a la relación entre el analista y el analizado. Lacan, ha logrado con la noción de sujeto supuesto saber una fuerte conceptualización acerca de las asimetrías y diferencias, en cada uno de ellos. Sigmund Freud había planteado los distintos saberes, uno el teórico metapsicológico del analista y el saber del inconsciente del paciente. De estas consideraciones básicas fueron surgiendo los distintos encuadres, posiciones y ejes en cuanto a tal simetría o no a lo largo de más de 100 años de práctica psicoanalítica. Entonces, las distintas escuelas e instituciones han intentado validar sus "verdades". Se han sucedido así, enfoques distintos en la particular situación entre profesional y paciente, tanto por las distintas teorías, como por esas diversas escuelas e instituciones de formación para la clínica del psicoanálisis.

No fue menor la importancia con que se fue adquiriendo con el transcurrir del tiempo el concepto del par transferencia-contratransferencia, así se fueron desarrollando lógicas diferencias de roles y estableciéndose diversas actitudes en los psicoanalistas en cuanto al trato personal con los pacientes. Freud, recomendaba al médico o psicólogo su famosa "neutralidad benevolente" para el analista y por otra parte, tenía muy presente que el profesional tratante debía estar preferentemente dedicado a comprender y entender los significados inconscientes del discurso del paciente, para poder comprenderlos en el sentido inconsciente. Es así, como quedaban determinados los actores con funciones diferentes, en una posición de asimetría de acuerdo al método creado por Freud y mejorado a través de los aportes de tantos psicoanalistas.

En el mes de marzo del 2020 la pandemia del covid-19 comenzó a golpear la Argentina con los primeros casos de contagios por coronavirus y se estableció un estricto aislamiento social para todo el país. La sociedad comenzó a padecer el temor y angustia con actitudes de todo tipo en los habitantes; los psicoanalistas no fueron excepción y algunos o muchos dejaron de atender debido a las medidas de restricción por la situación imperante. Así como la población los psicoanalistas fueron paulatinamente adecuándose a la utilización de nuevos recursos aportados por la tecnología por ejemplo WhatsApp, Skype, o Zoom, etc.

Los médicos y psicólogos fueron sorprendidos por distintas modalidades de interacción en los tratamientos que paulatinamente de acuerdo a muchas experiencias se ajustaron y modularon en forma distinta, es posible incluso ocurran todavía más modificaciones en los encuadres de tratamiento que, podrían llevar no sólo a adecuaciones de ocasión, sino a modos de trabajar más plásticos y flexibles en cuanto a la simetría y asimetría que se conocen hasta la actualidad.

Bibliografía:

Alizade, M *"El encuadre interno"*2002 Fepal - XXIV Congreso Latino-
americano de Psicoanálisis - Montevideo, Uruguay "Permanencias
y cambios en la experiencia psicoanalítica" –2002

Freud S. Obras completas A.E, *Sobre psicoterapia*, (1905 [1904]) vol
7.

Freud S. Obras completas A.E, *Sobre psicoterapia*, (1905 {1904})
vol 12. Trabajos sobre técnica psicoanalítica (1911)

Freud S. Obras completas A.E, *Sobre psicoterapia*, (1905 {1904})
vol 16, 18a conferencia de introducción al psicoanálisis. La fija-
ción al trauma, lo inconsciente (1916, [1917])

Freud S. Obras completas A.E, *Sobre psicoterapia*, (1905 {1904})
vol 18. Psicología de las masas y análisis del yo (1921)

Freud S. Obras completas A.E, *Sobre psicoterapia*, (1905 {1904})
vol 19. Las resistencias contra el psicoanalisis (1925 [1924])

Freud S. Obras completas A.E, *Sobre psicoterapia*, (1905 {1904})
vol 19. La negación (1925)

Freud S. Obras completas A.E, *Sobre psicoterapia*, (1905 {1904})
vol 21. El malestar en la cultura ([1929])

Freud S. Obras completas A.E, *Sobre psicoterapia*, (1905 {1904})
vol 23. Esquema del psicoanálisis (1940[1938])

Freud S. Obras completas A.E, *Sobre psicoterapia*, (1905 {1904})
vol 23. Analisis terminable e interminable (1937)

Freud S. Obras completas A.E, *Sobre psicoterapia*, (1905 {1904})
vol 23. Construcciones en el análisis (1937)

Freud S. Obras completas A.E, *Sobre psicoterapia*, (1905 {1904})
vol 23. La escisión del yo en el proceso defensivo (1940[1938]

Green André. *De locuras privadas*. A. E. 1990.

Green André. *El pensamiento clínico*. A. E, 2001.

Lacan Jacques. *Seminario 7 La ética del análisis*. Editorial Paidos.
(1988)

Meltzer,D. *"Temperature and Distance as Technical Dimensions
of Interpretation"* (1976). En Sincerity and Other Works. Obras
escogidas de Donald Meltzer, 1997. Editorial Spatia.

Waksman de Fisch F., Psicoanálisis, Revista de la Asociación Psicoanalítica de Buenos Aires. Vol. XXI,1999, Numero1/2: Diálogos
clínicos con Donald Meltzer. *Introducción a las ideas de Donald
Meltzer vinculadas con el material clínico de la supervisión.*

Dr. Héctor Edgardo Manzotti

Es médico diplomado en la UBA, miembro titular en función didáctica de la Asociación Psicoanalítica Argentina (APA) y ha sido
profesor adjunto y titular de seminarios de la APA.
 Full member of the International Psychoanalytical Association

E-mail: hectormanzotti@gmail.com

Reflexiones acerca de una cierta anormalidad

Guillermo Bruschtein

> *"La mala noticia es que en la mejor de las circunstancias puede repetirse la historia. La buena noticia es que en la peor de las circunstancias puede suceder lo nuevo"* [1]
> El impacto de la ciencia en la sociedad.
> Bertrand Russell (1952)

La intención de este ensayo es repensar acerca de los posibles efectos que podríamos evidenciar en futuro pospandémico en la clínica psicoanalítica.

La pandemia y aislamiento mediante nos enfrenta a un desafío inédito a nivel mundial, porque no queda limitado a ningún sector del planeta tierra.

Esa "normalidad" a la que veníamos habituados se vio quebrantada, socavada, y ya no más, sin saber por cuanto y hasta cuando se impusieron nuevas pautas de vida y de relación entre las personas.

La pérdida del estado anterior, cuanto menos produjo un sentimiento de nostalgia y de tristeza por no poder acceder a lo que la vida hasta aquí brindaba, y no siempre valorada en su justa dimensión.

Los deseos de volver a tener, de volver a ser, de poder recuperar esas acostumbradas maneras y estilos de vivir de las que cada uno hacia usufructo. Recuperar ese estado perdido y tal vez revalorizado o resignificado en su

---

[1] Del trabajo de Zukerfeld y Zukerfeld *"Potenciales inconscientes e ideales analíticos "* APA (2013)

justo valor. O como tantas veces ocurre en los procesos de duelo, donde lo perdido no sólo es añorado, sino también guarda una importante cuota de idealización.

Es en este contexto que el psicoanálisis y los psicoanalistas a través de los dispositivos on line retomaron sus respectivas tares con la atención de pacientes y con las actividades de intercambio científico institucional, dictando seminarios, cursos, conferencias intercontinentales, encuentros y hasta organizando exitosamente congresos.

Evidentemente esta alta capacidad de adaptación a las nuevas demandas y posibilidades nos conduce a preguntarnos, que pasará o que saldos podremos rescatar que aunque muy dolorosas y sacrificadas, podemos los psicoanalistas significarlas como únicas, diferentes y valiosas experiencias a capitalizar

¿Hacia dónde se conducirá el psicoanálisis en un futuro post pandémico?

Esta historia inédita, un hito difícil de representación

El hecho de que este fenómeno catastrófico no haya respetado límites geográficos, no sociales ni geográficos puso en evidencia que la especie humana se enfrenta con una realidad que le resulta muy difícil de transitar en términos de elaboración psíquica

Nuestro planeta, en el que hasta no hace tanto tiempo brindó recursos suficientes y que permitió al ser humano jugar con la ilusión de lo eterno, desplegando sus capacidades de un goce autodestructivo, comienza a evidenciar muestras de agotamiento.

Ya lo advertía Freud (1932) en su carta a Einstein hace casi de cien años, cuando le manifestaba su preocupación ante la tendencia pulsional masoquista y autodestructiva del hombre, potencialmente capaz de destruir su propio hábitat. En los últimos tiempos con los cambios climáticos, y los efectos devastadores producto de un desarrollo desmesurado y una pésima utilización de los recursos naturales, se comienzan a evidenciar los límites de recursos, y ya la metáfora de "la madre tierra" que todo nos lo brinda sugiere un posible fin.

Los vertiginosos adelantos y descubrimientos científicos, de los últimos siglos a partir de la revoluciones industriales y tecnológicas, la globalización y las sobre producciones evidencian un comienzo de colapso al que todavía no se visualizan claramente posibles desenlaces resolutivos. El sujeto de la cultura está inmerso en esta realidad, pues si de algo no se puede huir es de los efectos que a cada cual le provoca la realidad tanto psíquica en todas y más variables conceptualizaciones.

En un sentido meramente especulativo podemos preguntarnos si: ¿Tal vez lo que se comience a poner en cuestión, sea el análisis del concepto de la realidad psíquica desde lo singular en su articulación con la realidad social y lo cultural?

Singularidades de la práctica del psicoanálisis en época de la pandemia

Es notable como tan rápidamente las prácticas clínicas e institucionales se pudieron sostener y adaptar a una realidad tan diferente desde infinidad de perspectivas. Nos reafirma la capacidad adaptativa de las terapias y evoca la memoria de los analistas desplegando creativamente su tarea transferencial en épocas de guerra y de catástrofes.

Nos alienta recordar el fantástico material clínico desplegado por Melanie Klein del análisis de un niño de 10 años llamado Richard, en las afueras de Londres en momentos mismos de los bombardeos alemanes sobre la ciudad. La habilidad de la analista queda plasmada en la posibilidad de interpretar a través de los dibujos que su paciente hace con las bombas cayendo sobre la ciudad para interpretar las ansiedades edípicas del paciente, haciendo un uso sutil del material manifiesto. Tanto analista como el paciente estaban bajo el mismo peligro. Las bombas que Richard dibujaba a modo de daño real inminente, eran las mismas que podían matar a Klein. Pero Melanie haciendo abstracción su dimensión real, elude el carácter dañino de las mismas en su dimensión real, para utilizarlas a modo de ecuación simbólica desplazando su línea interpretativa a los sentimientos persecutorios de índole edípico.

Los analistas en la era de los dispositivos online:

Que suerte poder recurrir a ellos, artífices de la revolución tecnológica y de una globalización ya sin retorno.

Evidentemente no hubiéramos podido desplegar y continuar con tantas actividades sin ellos.

De todos modos me resulta sesgado pensar con cierta ligereza, en que lo que posibilito la continuidad de los tratamientos fue sólo, gracias a la utilización de los dispositivos online.

¿Son imprescindibles?, tal vez sí, aunque no hay continente, sin contenido.

Estos dispositivos no son desconocidos por nosotros los psicoanalistas, desde hace ya algunos cuantos años de manera creciente se han ido incorporado las terapias a distancia, permitiendo así la realización de abordajes con pacientes que viven a una distancia tal que resultaría imposible realizar terapias presenciales.

Los resultados de las infinitas variables que puedan adquirir son temas de revisión actual en el marco de toda la familia analítica.

La triste realidad de la pandemia nos tomó por sorpresa a todos por igual en términos de riesgos y exposición. Una situación trágica que amenaza tanto a nuestros pacientes como a nosotros, los terapeutas.

Riesgos comunes que no podemos disimular ni negar y que son y fueron el tema manifiesto de cada encuentro y en cada sesión. La incertidumbre sobre el presente es compartida. La sociedad en su totalidad sufre una primer momento de miedo e incertidumbre y se muestra el deseo de continuar con las actividades y la necesidad de mantenerse conectado, en dialogo. Estar presente. Deseos de mostrarse vivo.

Los analistas satisfaciendo al paciente y satisfaciéndose de poder estar y continuar vigentes a pesar de todo, tal vez más que nunca el deseo de estar de poder intercambiar, sostener el dialogo en relación a lo acontecido. Poder trabajar, servir al otro y a la vez sobrevivir.

Decíamos anteriormente que muchos analistas ya habían implementado de una o de otra manera el dispositivo "online", pero ante esta situación tan singular lo inédito de la realidad que toca vivir exige un plus de elaboración (al estilo Melanie Klein) de los sentimientos contratransferenciales en el intento de discriminarse de un paciente que así mismo padece una situación externa similar.

Si este trabajo elaborativo por parte del analista, no se pudiera realizar su función quedaría neutralizada, y seria pasible de quedar cuestionada, ante el posible riesgo de indiscriminación. Sería algo así como si ambos se pudieran sentir la imagen especular del otro. El riesgo de quedar atrapados "Analista-Paciente", en un "yo-yo ", en algo así como: "A mí me pasa lo mismo que a usted.

La función del analista radicará en la posibilidad de poder sostener una escucha discriminada en una posición de: "Yo-no Yo".

No todos los abordajes en pandemia se realizan via online

Algunos análisis y algunos analistas aceptaron continuar con la modalidad presencial, adoptando diferentes encuadres. Tomando recaudos, algunos más y otros menos. Muchos por necesidad de trabajo e imposición de sus pacientes y otros por convicciones diversas.

Pero a la hora de reflexionar sobre la utilización de los dispositivos, vemos que no todos hacen usufructo de los mismos de la misma manera.

Vimos en las supervisiones de analistas jóvenes en el trabajo hospitalario que el miedo a contagiarse de su paciente provocaron sentimientos persecutorios y de odio contratransferencial con el consiguiente sentimiento de culpa por sentir que no están trabajando bien.

¿El encuadre renovado?

Es un concepto muy importante para la implementación de las diferentes clínicas psicoanalíticas, y parece que siempre está en proceso de deconstrucción- construcción, de acuerdo a los momentos y los diferentes tipos de tratamientos a implementar.

En la actualidad pandémica, podemos evidenciar que el encuadre es completamente pasible de ser modificado y adaptado a multiplicidad de formas.

Siempre que exista el deseo de análisis sostenido por la transferencia, se puede sostener un encuadre que a la vez sostiene el análisis.

Los encuadres sufrieron modificaciones abruptas que no las propusieron ni analista, ni paciente, fueron impuestos por el peligro del mundo exterior.

Hubo pacientes que utilizaron el fenómeno para no continuar, sin que pudieran mediar posibilidades interpretativas para disolver el sentimiento resistencial. Otros en cambio aceptaron de muy buena gana el cambio y en algunos análisis hasta se pudieron abordar temáticas de aspectos arcaicos infantiles que no habían sido evidenciados hasta ese momento.

Históricamente el dispositivo analítico se sostuvo en el marco de encuadres diversos de acuerdo a cada singularidad. La aceptación o no por parte del paciente del mismo puede ser un recurso diagnóstico de la manera que puede expresar el paciente sus sentimientos transferenciales.

¿El futuro del psicoanálisis en cuestión?

Es inevitable preguntarnos hacia cual podría ser el devenir de nuestra práctica clínica ante panoramas inciertos y cambiantes. Podremos disponer de recursos acordes a las demandas de las nuevas formas de expresar el sufrimiento, en una sociedad que entre las vivencias de amenazas externas y las vivencias de indefensión desean y exige de recursos eficaces que alivien el sufrimiento en la inmediatez.

No se trata de renegar, (Peskin 2005) de nuestros fundamentos teóricos, en la que la familia psicoanalítica aceptando la teoría de lo inconsciente, de la sexualidad humana, por ende acerca de la pulsión, de la repetición y podríamos agregar alguna forma de Edipo y como consecuencia de la transferencia dar respuestas sabiendo leer las necesidades del contexto

¿Sería excesivo afirmar que el oro puro del psicoanálisis con los tratamientos de alta intensidad ha sufrido cambios desde diversos campos de las ciencias, pero que tal vez, lejos de empobrecerlo, le brindaron infinitos recursos que nos convirtieron en una práctica clínica cada vez más eficiente y demandada?.

Se abre aquí la discusión acerca de si no nos estaremos deslizando cada vez más a las psicoterapias de escucha psicoanalítica.

¿Acaso este tipo de práctica analítica no es la modalidad que mayor prevalencia adquiere en los últimos tiempos?

La inserción de las psicoterapias psicoanalíticas en extensos ámbitos y estratos sociales a través de instituciones estatales y privadas y la formación profesionales jóvenes que no conocen sino este tipo de práctica.

Podemos pensar que la practica futura del psicoanálisis, será acorde al tipo de formación del que podamos brindarle a las nuevas generaciones de profesionales.

La puesta en acto, en nuestro medio, por ejemplo en la Asociación Psicoanalítica Argentina institución a la que pertenezco de la pluralidad de nuestras teorías, con nuevos desarrollos psicoanalíticos, abre un espacio representacional a la noción de complejidad.

Otros campos científicos, como el de las neurociencias o la filosofía nos conducen cuestionar los determinismos unívocos con respecto a las expresiones sintomáticas y abrir una idea de mayor indeterminación entre lo histórico y lo actual, la repetición y la creación. No toda creación sintomática o de repetición se debería forzar a entenderla por la historia del sujeto exclusivamente.

Lejos estamos de proponernos hacer futurología, pero siendo fieles a lo paradigmático del que hacer y del pensar psicoanalítico (a modo talmúdico), de avanzar y de construir hipótesis abriendo interrogantes de finales inciertos, gracias a los cuales nos tientan a la construcción de otros nuevos y así sucesivamente.

Este presente histórico nos invitara seguramente en un tiempo prudencial poner en debate a modo elaborativo y de investigación el trabajo clínico y los abordajes realizados, donde como parte de un todo social nos descubrimos teniendo que implementar de urgencia dispositivos online en un escenario cambiado, diferente e impactante.

Esta nueva experiencia de la ausencia de lo presencial y del encuentro corporal en dialogo con una imagen plana de las pantallas electrónicas, en un cierto sentido perdimos la riqueza de lo gestual, pero así también nos encontramos con imágenes nuevas, diferentes, que nos posibilitan otro espectro y otras especulaciones interpretativas.

La nueva "Situación analítica" en escenarios separados

con significaciones singulares no solo provoca un cambio en el encuadre, también produce una reasignación de la función del analista en relación a lo transferencial.

El hecho de que el paciente le abriera al analista escenarios diferentes a los de su relato imaginario, abriendo su casa o la oficina, algunos hablando desde el auto o en la plaza y así el analista puedo mostrarse en algún otro lugar del que atiende habitualmente; podría generar algunos cambios de la subjetividad que se pueden percibir en algunos casos como un enriquecimiento del proceso en curso.

Tal vez detenernos a pensar deliberativamente en las implementaciones y las implicancias de los abordajes clínicos actuales pudiera resultar prematuros, dado que somos participantes activos del proceso, pero entiendo que abrir espacios de discusión y elaboración de nuestro propio hacer puede resultar enriquecedor en tanto sienta las bases para posibles elaboraciones posteriores.

Pero así mismo, en esta realidad la diada analista – paciente en su gran mayoría pudo sostenerse y también enriquecerse.

Podemos tal vez crear expectativas a partir de estas "forzadas experiencias analíticas", en lograr recursos superadores que plasmen un psicoanálisis cada vez más sutil en lo que hace a su escucha y tal vez menos sometido a las formas.

Decía Lacan ya hace mucho tiempo en *"Psicoanálisis y Medicina"* (1966) refiriéndose a este territorio de la demanda *"En la medida en que el registro de la relación médica con la salud se modifica, donde esa suerte de poder generalizado que es el poder de la ciencia brinda a todos la posibilidad de ir a* pedirle al médico su cuota de beneficios con un objetivo preciso inmediato, vemos dibujarse la originalidad de una dimensión que llamo la demanda. *Es en el registro del modo de respuesta a la*

*demanda del enfermo donde está la posibilidad de su-
pervivencia de la posición propiamente médica".*

Las circunstancias nos seducen a preguntarnos acerca
del futuro de nuestra práctica, y que podemos rescatar o
rescatarnos, a los fines de adecuaciones acordes y satis-
facer las nuevas formas que tienen los pacientes de expresar sus sufrimientos.

Trabajar analíticamente a pesar de que ambos están
bajo ese mismo escenario externo real. Ambos sufrién-
dolos similares interrogantes. Un analista que no tiene
respuesta a lo que pasa y que puede mostrar tanta vulnerabilidad o tanto temor como su analizado e incluso
en una mayor situación de riesgo o por comorbilidades o
por diferencias generacionales pero que no abandona su
posición de escucha y de acompañamiento es mantener
un psicoanálisis vivo, más allá o más acá de los dispositivos online.

Desde los mismos orígenes de movimiento psicoanalítico a la actualidad contamos con sobradas evidencias
de un continuo dinámico de incorporación de recursos
teórico- clínicos y de una adaptabilidad de cada época y a
las diferentes latitudes con influencias y adaptabilidades
a cada cual.

Bibliografía

Freud S. 1932 *¿Por qué la Guerra?* Amorrortu Volumen XXII Pag 179
Lacan, J.: *"Intervenciones y textos 1"*, Psicoanálisis y medicina"
    Intervenciones y textos 1 Pag. 90 Ediciones Manantial, Buenos
    Aires, Argentina, 1999.
Peskin, Leonardo (2005) Rev de Psicoanálisis LXII N°4 APA
Zukerfeld & Zonis Zukerfeld (2013) Trabajo científico presentado en
    APA: *"Potenciales inconscientes e ideales psicoanalíticos: sobre
    la humildad contraintuitiva "*

Dr. S. Guillermo Bruschtein

Médico Psicoanalista y Médico Especialista en Psiquiatría
Miembro Adherente de la Asociación Psicoanalítica Argentina y
Socio Activo APSA (Asociación de Psiquiatras Argentinos)
Miembro del Capítulo de Psicoanálisis y Psicofarmacología APA
(Asociación Psicoanalítica Argentina)
Co-coordinador del Grupo de investigación de APA (Asociación Psi-
coanalítica Argentina): "Similitudes y diferencias entre la Técnica
Freudiana y la de nuestros días".
Docente de la Pasantía Hospitalaria en Salud Mental del Hospital
de Boulogne, San Isidro Prov. de Buenos Aires
Supervisor en el Hospital Materno Infantil de San Isidro (Prov. de
Buenos Aires) de Residentes en Psiquiatría Infantil
Ex Supervisor del Equipo de Psicología del Hospital Materno In-
fantil de San Isidro (Prov. de Buenos Aires).

E-mail: sg.bruschtein@gmail.com

Se terminó de imprimir en Imprenta Dorrego, en el mes de octubre de 2020. Coordinación gráfica Ricardo Vergara Editor